台灣

17

澎湖諺語

晨星出版

重現民俗藝術之美

中華民俗藝術基金會執行長
林明德

　　民俗藝術，乃指流傳於各民族與地方特有之傳統藝能與技術，包括：表演藝術、器物製造技能等。它的內涵豐繁，形式多樣，是俗民文化的具體表現。台灣族群多元，潛藏民間的民俗藝術，不僅流露民族意識與情感，也呈現多樣的美感經驗，毋庸置疑的，這是台灣族群的偉大傳統與文化資產。

　　七○年代，台灣社會急遽轉型，人民生活與價值觀念產生很大的改變，直接衝擊了俗民文化，更影響了民俗藝術的命脈與生機。加上廟宇文化消褪，低級趣味充斥，大眾對民俗既陌生又鄙視，遑論民俗藝術的存活與價值，馴至民俗藝術的原始意義與美學，在歲月流轉中，逐漸走出人們的記憶。經過一場鄉土文學論戰後，文化主體意識逐漸浮現。一九七九年，一群來自不同領域的文化工作者反思台灣的人文現況，呼籲搶救瀕臨滅絕的文化資產，並成立「中華民俗藝術基金會」，大家共識：「維護民俗藝術，傳承民間藝人的精湛技藝，以提高民俗文化的學術價值，充實精神生活。」為了落實此一理念，於是調查、研究兼顧，保存、傳習並行，為台灣民俗藝術注入活力，也帶來契機。

之後，一些有心人士紛紛投入民俗藝術的維護，幾年之間，基金會、文物館、博物館、美術館、民俗村、文史工作室，相繼成立，替急驟轉型的台灣社會，留下許多珍貴的人文資源。政府也意識到文化建設的趨勢，自一九八一年起，先後成立文化建設委員會與各縣市立文化中心，以推動「文化即是生活，生活即是文化」的理念。

一九八二年，總統令公布《文化資產保存法》，使文化政策與實施有了根據。

一九八四年，文建會為落實文化教育的推廣和文化觀念的溝通，邀請學者專家撰寫「文化資產叢書」，內容包括古蹟、古物、自然文化景觀、民族藝術、民俗及有關文物。一九九七年，國立傳統藝術中心籌備處為提供大家認識、欣賞傳統藝術的內涵，規劃「傳統藝術叢書」。兩類出版令人耳目為之一新，也締造了階段性的里程碑，其意義自是有目共睹的。不過，限於條件與篇幅，有些專題似乎點到為止，仍有待進一步去充實與發揮。

艾略特（T.S.Eliot,1888～1965）在〈傳統和個人的才能〉中曾說：「傳統並不是一個可以繼承的遺產，假如你想獲得，非下一番苦工不可。最重要的是傳統含有歷史的意識，……這種歷史的意識包含一種認識，即過去不僅僅具有過去性，同時也具有現代性。……這種歷史的意識是對超越時間即永恆的一種意識，也是對時間以及對永恆和時間合而為一的一種意識：這是一個作家所以具有傳統性的理由，

同時也是使一個作家敏銳地意識到自己在時代中的地位以及本身所以具有現代性的理由。」（見杜國清譯《艾略特文學評論選集》）艾略特的論述雖然針對文學，但此一文學智慧也適合民俗藝術的解釋，尤其是「歷史的意識」之觀點，特具識照，引人深思。

我們確信民俗藝術與現代生活不僅可以並存而且可以融匯，在忙碌的生活時空，只要注入些優美的民俗藝術，絕對有助於生命的深化、開展，文化智慧的啓迪，從而提昇生活素質（quality of life）。因為，民俗藝術屬於「地方精神」，是「一種偉大的存在」。

人不能盲目的生活，蘇格拉底（Socrates, 469?～399B.C.）云：「沒有經過反省的生命是不值得活的。」因為文化的反思，國人在富裕之後對充實精神生活與提昇生活素質有了自覺，重新思索民俗藝術的意義，加上鄉土教材的迫切需求，於是搶救民俗藝術的呼籲，覓尋民俗藝術的路向，一時蔚為風氣。

基本上，民俗藝術具有歷史、文化與藝術價值等特質，是文化資產的重要環節，也是重塑鄉土情懷再現台灣圖像的依據。更重要的是，民俗藝術蘊涵無限元素，經過承傳、轉化，往往能締造無限的契機，展現無窮的活力。例如：「雲門舞集」吸收太極導引、九轉金丹，創造新舞碼——水月，表現得多采多姿；「台北民族舞蹈團」觀摩藝陣，掌握語言，重編舞碼——廟會，騰傳國際；攝影大師柯錫杰的民俗顯影，民俗藝術永遠給他創作的靈感；至於傳統廟會的許多元素，更是現代藝術的觸媒，啓發了豐碩多樣的作品。

二十多年來，基金會立足臺灣社會，開風氣之先，把握民俗藝術脈搏，累積相當豐饒的資源。爲了因應時代趨勢，我們有系統的釋放各類資源，回饋社會大眾，於是規劃「臺灣民俗藝術」叢書，範疇概括：宗教、傳統建築、傳統表演藝術、民間工藝、飲食與休閒文化。每類由概論開端，專論接續，自成系統。作者包括學者專家，均爲各領域的菁英；行文深入淺出，理趣兼顧；書型爲二十五開本、彩色，圖文並茂，以呈現視覺美感。

「發掘族群人文、整合民俗藝術」，是我們堅持的目標也是夢想。叢書的推出，毋寧說明了夢想的兌現，更標幟嶄新的里程碑。希望叢書能再現臺灣圖像，引導大家進入多采多姿的民俗世界，領略民俗藝術之美。

【自　序】

高芷琳

　　打開電腦，要爲自己的書「寫序」，一時之間竟百感交集！腦海中浮現一幅幅四年前爲了本書，進行田野調查時的種種畫面：父母三更半夜陪我在海邊吹著冷冷的海風，只爲了拍攝漁船歸航的景象，當時的男友，也是現在的另一半，陪我上山下海照相，在七美離島，爲受訪的老人家煮午餐，只爲了挖到更多的寶，照帝公神像的照片時，屢遭失敗的靈異事件，一大清早四、五點，穿梭在漁貨批發市場照相、訪問……；一椿椿、一幕幕均再度浮現眼前，不禁令人感嘆時光飛逝，至今已過了快五年，我女兒都滿三歲了！

　　畢業後即走入婚姻的我，因爲孩子出生需要照顧，也爲了休養自己的身體，在學術上幾乎是停滯不前，因此幾年來心中對此一直頗有遺憾。這次在林明德老師的鼓勵與基金會的大力支持下，出了這本書，使我重新燃起學術研究的熱忱，也是我重新省視自己的人生規劃，若說親人是我的最愛，學術研究工作則是我一生最好的朋友，只有它，才能與我進行深層的心靈對談。尤其在林老師的教導下，走向鄉土研究與田野調查，使我在家庭與工作之外，找到了人生的另一個新方向，也藉著對眾生百姓的瞭解，各式各樣、不同型態生活的參與，時時反省自己做人處世的態度，以及對事物的看法。我認爲，知識不是空中樓閣，更不是高不可攀，不能只在案牘群書中探索，只有

確實地落實在生活中，在身邊的人、事、物中努力尋求，才能將學問真正印證在我們的生命旅程中。

這本《澎湖諺語》，記載了六百多條諺語、俗語，也搜羅不少本地的傳說故事，內容涵蓋澎湖的人文歷史、自然環境、澎湖人的生活狀態、觀念、習俗……等等，將祖先過去生活的特色，作了一個完整的記錄及深入的研究，我希望看過此書的鄉親，能更認同自我的生長環境，讀過此書的他鄉朋友，對澎湖也有初步的瞭解，並能真心欣賞它的美麗。

或許是因為島民情結作祟，我一直以身為澎湖子弟感到驕傲，也一直以生活在這島上為樂，因此，我當年毅然調回家鄉服務，也決然嫁給同為本地人的先生。我一直希望能為這片土地作些什麼，我想，保有故鄉的文化，深入的探訪、報導、研究，並將故鄉的美介紹給更多的人，是我唯一能為這個美麗的群島所作的事。這本書的一字一句，書中所呈現的每一張圖片，都充滿了我對家鄉的認同與熱愛，也期盼所有讀者能從書中瞭解，傳統文化是富有智慧、有活力的，而「澎湖」則是一塊如此美好的人間桃源。

Contents 目次 澎湖諺語

澎湖自然歷史背景概述

第一章 澎湖自然歷史背景概述

第一節 自然環境

澎湖位於台灣海峽南部，絕對位置在北緯二十三度九分至二十三度四十七分，東經一百一十九度十八分至一百一十九度四十二分之間。在滿潮最高時，共計64個島嶼露出在海平面之上，總面積約127平方公里；退潮最低點時則是有100多個島露出海平面。極北點為白沙鄉目斗嶼，極南點為七美嶼，極東點為湖西鄉查某嶼，極西點為望安鄉花嶼，因人口外流嚴重，目前僅20個島嶼有人居住，在這些島嶼中，除了較大的馬公、湖西、白沙、西嶼、七美、望安諸島，尚有青、壯年人口，

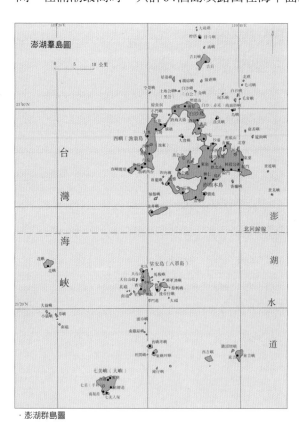

· 澎湖群島圖

其餘多為老人與小孩。造成人口外流最主要的原因，乃是惡劣的自然環境，造成當地就業市場狹小，謀生不易。

一、地質

首先就地質而言，澎湖主要是堅硬的玄武岩火山地形，雖然形成美麗的玄武岩柱狀與板狀節理等景觀，但是地質堅硬而貧瘠，加上海風經年吹拂，土壤鹽分高，不利農耕。除了玄武岩地形，澎湖尚有

· 小雞善嶼玄武岩柱狀節理

· 西嶼鄉池西柱狀玄武岩

· 西嶼鄉赤馬沈積地形

· 山水沙灘

· 吉貝沙灘（一）

· 吉貝沙灘（二）

· 白色珊瑚礁（一）

· 白色珊瑚礁（二）

沿海美麗的海岸地形，其主要分為風積地形，如：馬公山水的海灘、吉貝嶼的沙嘴、湖西鄉龍門至隘門的沙灘……等，主要成分為白色貝殼沙，以及珊瑚礁所形成的裙礁地形，它的分布很廣，幾乎遍布在淺海的海域中，自古以來，澎湖居民即善用珊瑚礁來圍滬或建屋，形成地方人文景觀的一大特色。

・臨門沙灘

・硓𥑮石牆

・硓𥑮石牆

二、氣候

　　在氣候上，澎湖群島的氣候為亞熱帶氣候與熱帶氣候，氣溫上雖然溫暖，但因地形平坦，沒有高山，不能產生「地形雨」；夏日海水吸收熱力，無法形成「熱雷雨」；秋、冬東北季風來臨時，雖挾帶大量水氣，但因季風過於強烈，只形成雲層濃厚的陰天，無法「凝結成雨」，因此澎湖年雨量非常稀少，成為全省雨最少的一縣。此外，澎湖四面環海，由海風所帶來的水氣多挾帶濃厚的鹽份，當地人稱為：「鹹水煙（gjam11 tsui24 jen55）」，對植物生長具有強大的破壞力，無論是農業耕種，或是防風造林，都因此倍感艱辛。

· 林投沙灘

三、海洋環境

　　另一個對澎湖居民影響極深的是海洋環境的影響；澎湖群島四面環海，然而，卻因位於福建省武夷山脈與台灣省中央山脈間的走廊地帶，因此強勁的冬季季風，反因海洋而更顯乾鹹。此外，四面皆海的環境，與海洋的潮汐起落變化，更左右著居民生產，只有向海發展，以海爲田。然而海洋變化多端，當地居民只能看天吃飯，「潮汐漲落」，左右出海的時間、魚群的群聚；「洋流」與「季節」的變化，主宰魚汛的來去。大致而言，冬、夏兩季漁產較豐，春、秋兩季時值大環境天候轉換時期，故漁產較少；自古澎湖居民就學會利用潮汐的來去幫助生產，所以沿海多建有石滬，居民計算潮間帶潮汐的起

· 玄武岩岩岸

落時間，在潮間帶進行討海活動。海洋環境著實牽動了澎湖數百年來生活文化與歷史文明的發展。

　　總而言之，澎湖的自然環境是：夏季酷熱，冬季強風，雨量稀少，不利於農耕，只能往海洋發展。這種艱辛的生存環境，造就了澎人堅毅刻苦的個性，以海為田，更形成澎湖群島數百年來深具海洋民族特色、不同於台灣島的歷史文化。

第二節 歷史背景

一、史前時代

澎湖最早有人聚居是在史前時代，屬於「繩紋陶文化」，其遺跡在今日的湖西鄉，且已有人加以研究：「湖西鄉早期即有先民住過，以菓葉、龍門最具代表性，分屬於粗、細繩紋陶文化遺址，有陶器、石網墜、石錛、石器等出土，至今約四千五百年至五千年。」❶雖然史前時代已有人聚居，但此文明並未再發展下去，可見這些最早的居民，是因某些原因，如：環境不佳，生存不易，而遷居他處。後來再有人的聚落，則為大陸移居而來，故澎湖並沒有所謂的「原住民」。

二、唐末至明末的消極經營

至於後來的移民從何時開始？各種傳說皆有，大約是在唐末北宋初之時，漢人為了漁業活動與海外商業活動，以澎湖為中繼站及移

·果葉貝塚所在，今為農場

· 龍門貝塚遺跡

居地，「福建沿海的居民在魚汛來到時，到澎湖海域捕魚，就在澎湖搭建草寮暫時居住，久而久之，有些人就定下來。同時澎湖也是當時陶瓷器輸出海外的中繼站。宋代以後，商業發達，在福建泉州設提舉市舶司負責對外貿易，而澎湖是泉州的外府，更突顯出澎湖交通位置的重要，所以陶瓷器輸出海外就以澎湖做爲中繼站。❷」所以唐宋時期的澎湖移民，分爲「暫時性」與「永久性」兩種，其移居原因無論是漁業或商業考量，澎湖地處海峽鎖鑰位置，交通地位重要，才是促使他們停留於此的根本原因。

到了元代，澎湖歷史的發展進入了一個新的階段，因爲此時正式在澎湖設治，在《新元史·島夷諸國傳》中有記載「海外島夷之

族，澎湖最近，分三十六島，有七澳介其間，其地屬泉州晉泉（江），縣土人煮海爲鹽，釀秫爲酒，採魚蝦爲食，至元初設巡檢司❸」也就是在西元一二八一年，即元世祖至元十八年，澎湖正式成爲中國的一個行政區域，設治的主要原因是因元世祖征日本失敗，想東山再起，而以澎湖爲元軍的一個據點。澎湖在元代收入中國版圖之後，算是和大陸本土建立了確切的臍帶關係。

　　元代之後，澎湖在政治上和大陸中斷了二百七十三年之久，但是人民往來與移民墾殖卻日漸密切，這種屬於人民自發性的移墾，和明太祖的「墟地政策」與海上「倭寇活動」頻繁有極大的關係。澎湖廢治之後，先後佔據澎湖的包括荷蘭人、倭寇、林道乾、曾一本、林

‧風櫃枕頭山（箭頭所指爲荷蘭人紅毛城遺址）

· 早期墾殖最繁榮的馬公市中央街

· 馬公市四眼井

· 傳說媽祖廟前大榕樹為鄭成功登澎湖處

鳳之、鄭芝龍等海盜，他們雖未對澎湖有實際建設，卻不斷吸收移民前來澎湖墾殖，使得澎湖的開發未因墟地政策而中斷，算是對澎湖的歷史發展小有貢獻。澎湖在文化、政治、開墾等各方面有長足的進展，要到明末清初鄭成功復澎之後。

三、明鄭的積極經營

　　鄭成功與台澎關係密切是源於反清復明的大業，他在大陸地區受挫，轉向經略台澎，澎湖位於台灣與大陸間的橋樑，當然成為首要之地。鄭氏復澎時間雖有數說，但是歸納可知，應是在一六六一年的春天，從荷蘭人手中收復台灣之後，加強澎湖群島防務。「成功以熱蘭遮城為安平鎮，赤崁城為承天府，……於澎湖設置安撫司，屯戍重兵，以為台灣門戶。」至鄭經嗣立，對澎湖採兩階段經略；前半期因

戰略因素而成以重兵，後半期（指施琅第一次出兵臺澎，因颱撳羽而歸後），是以屯田爲主，不重軍事防務。《澎湖通史》中曾有記載：「鄭經、洪旭諸將逗留澎湖四日，堪察諸島形勢，認識金廈退守後澎湖地位重要，設砲台共十三座，並令部將薛進思、戴捷、林陞守之，派兵二千，四月閱調一次。鄭經據報得知施琅被颱風吹敗，對澎湖防務不再重視。所有戍守澎湖官兵屯田的回屯田，勇衛、侍衛二半旅回原隊。鄭經防戍澎湖有始無終，貽害失去台灣。」❹對澎湖的經營政策，至鄭經之後就未曾改變，一直至施琅攻敗明鄭爲止。就軍事而言，明鄭對澎湖的經營策略不能貫徹，的確是貽禍匪淺；但是他們後來改兵事爲屯田的政策，卻是對澎湖開墾貢獻良多，也是歷來對澎湖開發幫助最大的政權，今澎人多自稱先祖來自金門，與明鄭的屯田政策引進大量金、廈二地的移民，有相當大的關係。

· 馬公市施公祠（整修中）

四、清廷與日本的統治

後來，清廷對澎湖的統治，主要是以軍事策略為主，對於鼓勵移民，與地方開墾建設並不重視。所以，雖然自雍正六年（西元一七二八年）就已升澎湖的巡檢司為澎湖廳，但是一直到光緒二十一年日軍攻陷澎湖，這二百多年間，澎湖人口雖有增加，但是建設仍是相當落後，文明發展反不及移民較晚的台灣本島。

光緒二十一年，日人攻陷臺澎，異族的統治是一場民族的浩劫，卻是澎湖建設的一大契機。文化上：實施皇民化政策，設公學校、澎湖水產專修學校（今澎湖水產職業學校前身），馬公高等女校（今馬公高中前身）。物質上：設電化設施，郵電系統，（只限於市區），開公路，設船廠，造港口⋯⋯等；對澎湖的現代化建設投注

· 順承門：為馬公城僅存之城門

· 西嶼餌砲

· 馬公城古城牆

· 西台古堡（西嶼砲台之一）

· 馬公高中

· 澎湖水產職業學校

相當多力量。雖然這種建設帶有政治與軍事性目的，乃是爲了澎湖戰略地位之鞏固，卻爲澎湖帶來前所未有的建設。從清廷到日人，澎湖已由一荒涼地區，進步到一個現代化建設的群島。

五、台灣光復後

台灣光復後，國民政府在日治的基礎上，進一步發展。文化方面，設置許多學校，以達到有村即有校的目標，這對離島教育有相當大的助益；政治上，實施地方自治，自第六任縣長至今，皆由澎人選出澎湖籍縣長，這是澎湖民主政治的一大進步，對澎湖的建設亦有莫大助益，以澎湖人來治理澎湖，才能發揮鄉土情懷，眞心爲家鄉建設。物質建設在光復後這五十多年，亦有長足進步，無論是交通、商業、民衆生活都更加便利繁榮。

近年來產業形態有了變化，由於漁源枯竭，所以養殖興盛，運用環境創造新生機；觀光業的興起更牽動著澎湖各方面的建設方向，澎湖人仍延續著數百年來堅強的性格，爲家鄉創造璀璨的未來。

諺語出處

❶見澎湖縣鄉土教才材編輯委員會編：《澎湖鄉土教材………地理篇　（下）》，初版，(澎湖縣政府出版，1987，6月），頁76至77。

❷澎湖縣鄉土教才材編輯委員會編：《澎湖鄉土教材………歷史篇：西瀛舊事》，初版，（澎湖縣政府出版，1987，6月），頁24至25。

❸見陳知青：《澎湖澎湖史話（上)》，初版，（澎湖縣政府出版，1972，5月13日），頁86。

❹見蔡平立：《增編澎湖通史》增訂初繕版，1992年台灣省文獻會版，(台北：聯鳴文化有限公司，1987.8月），頁158至160。

澎湖地方諺語的分類 ▶

● 第二章 澎湖地方諺語的分類

第一節 諺語界說

在進入本文之前，筆者認爲有必要先對諺語的定義、範疇作一說明。雖然前人在這方面已經有相當多的論辯，但它深切地影響筆者在採集資料時的取捨與標準，更會影響檢驗資料引用適切與否的標準，因此有必要再次地討論。

對於諺語的定義與詮釋，首先可以由字義學的領域來看：對於「諺」這個字，或者是「諺語」這個辭彙，中國自古以來就有相當多的解釋，如：《文心雕龍·書記篇》：

> 諺者，直語也；喪言亦不及文，故吊亦稱言，廛路淺言，有實無華❶。

《古謠諺·凡例》：

> 諺訓傳言，言者，直言之謂。直言即徑言，徑言即捷言也；長言主於詠歎，故屈折而　徐，捷言欲其顯明，故平易而疾速。❷

楊蔭深先生可說是較爲近代的學者，但他對「諺語」的解釋與古時亦無不同。依據上述可見，諺不外乎「傳、直、俗」三個特性。其所能產生的作用在於：「傳遞經驗」和「宣示道理」。然而只探索

中文領域是不足的，我們也應看看外國人對於它的看法：

Proverb：to an extent that has become proverbical • ❸

Proverb：a short well—known saying • ❹

Proverb：popular short saying with words of advice or warning • ❺

它們所注重的是諺語存在社會流傳的「普遍性」。無庸置疑，諺語是透過語言來傳達的，因此我們可以透過語言學者來了解諺語。學者李繼賢認為：

> 諺語是語言的菁華，是我們日常生活中的一種特殊語言，它是人類生活體驗的累積，而且是經過世代傳遞的一種集體作品；反映著民族的感受、經驗、知識、及特性，最重要的，它也傳遞了人類的歷史和情感，它除了代表社會的公斷外，更展示大眾生活的層面；所以我們可以說，諺語即是生活。❻

在這裡，要特別注意諺語是一種集體創作，尤其他所維繫的是一個民族的歷史與情感。換言之，他所傳遞的是大眾化的精神，而不是個人的情感。這更大大地提升了諺語對於生民語言文化的重要地位！其次，我們也可以把諺語當作是一種文學形式；如前所言，它產生自民間，因此，我們也應了解民間文學的學者對於它闡述。楊蔭深於《中國俗文學概論》一書則以為：

> 諺則為有韻的言語，故或僅稱「言」、稱「語」、或稱

「號」；………謠與諺性質雖然不同，但體式則都是短小的，有時且僅有一句，最長不過四句，四句以上在諺可說是沒有的。❼

高國藩《中國民間文學》：

我們經常在人們的談話中，發現一些為大家所共同談的俗話，…………這些俗話包含有一定科學的道理，人生的經驗，生活的知識，它幫助我們理解世界萬物，人類社會，做人的意義；這些俗話我們便稱它為諺語。❽

鍾敬文：《民間文學概論》一書有言：

諺語是勞動人民用精練的語句，總結生產鬥爭、階級鬥爭、以及各種社會生活經驗的語言藝術結晶；它是一種又有教育意義，有認識作用，或含有哲理的民間傳言。關於諺語的概念與範圍，一些研究者從廣義和狹義兩方面進行解釋；狹義的指上面所說的那種富有教育意義的傳言，廣義的既包括俚諺，也包括俗語，即所有流傳在民間的、膾炙人口的傳言都包括在諺語的範圍之中；這個概念既包括寓意深刻，形式完整的諺語，又包括一些有特殊形式的歇後語、俗語。❾

學者李獻章先生則說：

無論任何民族集團的人們，由于生活經驗所體會的，有關人生社會和技術等心得，用精簡易記的語句把它具體地提示出來，如獲得大家的共感流傳，民間看法與語句更受磨鍊之後，成為切當的批評訓誡，或規範的警句，通行於一般社會就是諺語。❿

我們可以說，在民間文學的範疇裡，諺語所表達的「生活經驗」包含自然現象和社會現象，而且從較為廣闊的觀點來看，諺語包括了我們「一般」說的「諺語」，以及「歇後語」，因此在資料採集的過程也要將歇後語列入範圍，以求其完整性。由於諺語是簡短的，因此我們不能將篇幅較長的「謠」也納入其中；這和楊蔭深先生在《古謠諺‧凡例》中的觀點是相當一致的。最後我們要探討的是民俗與文化學者對於諺語的觀點及定義。因為文化可說廣泛涵蓋了人們生活的各個層面，本書也希望從文化的觀點來詮釋諺語。提及民俗學的觀點，則因諺語呈現多為早期生民的生活，當時有許多習俗及宗教問題，有些迄今仍沿用，這些現象反映在諺語中，到底存在什麼原因？或這些現象具有那些意義？都是值得我們去探索的。學者周榮杰認為：

> 諺語乃是人類調適於社會生活的許多產物之一，凡是文化發展到某一階段的人類社會，大家在日常生活中都經常使用諺語；諺語與俗語本應有所分別，但俗語是一切口頭的共名，所以拿來與諺語混稱是極為常見的事。如在說話或行文時，為了語氣上的需要，也常有時把諺語稱為俗話的。❶❶

陳國鈞於《文化人類學》一書中則以為：

> 一個民族跟根據其道德觀念，必有批評個人行為的話，除有簡單的評語以外，還有流傳較廣的俗語（provbres），或稱諺語，都是盡人皆知的簡明而充滿智慧的話，尤能表現出公眾的意見，這種社會公意，即是道德意識德的反映，對於人的影響很大。❶❷

李亦園《文化人類學選讀》：

> 伯司康氏分口語文學爲兩類：一爲可講演者（彼稱爲pro/o/se散文的na/&/rra/α/tive敘事體），另一爲不可講演者（彼稱之爲other form），第一類分爲故事（folktale）、神話（myth）及傳說（legend）三種，第二類則主要包括諺語、謎語等。**⓭**

就文化的觀點而言，它與前面的語言學家、民間文學家並無太大差異，只是他們特別強調諺語的口語流傳，而非訴諸於文字。在民俗方面，陳克《中國語言民俗》：

> 諺語是人們在日常生活中積累起的一些精闢的語句，這些語句一般反映人們經常遇到的現象、或社會共識的一些道理，所以諺語是具有普遍意義的語言單位。**⓮**

林惠祥《民俗學》一書：

> 德克勒氏說：「有一種東西值得詳細觀察，並且差不多進入宗教的領域的，這便是士人們的道德觀念；他們以什麼爲惡，什麼爲善，他們獎勵什麼，懲罰甚麼，在他們眼中誰是可敬的，誰是可惡的，這些問題每個傳教師應當都答得出；這些問題的答案只須在土人們的諺語、俚語或道德譚中去找便有了。」……因爲諺語所表現的不是失了意義的遺留物，而是談述者的實際的觀念，這便是他們的實際的生活哲學或行爲的原則。**⓯**

　　站在民俗學者的觀點，民俗學者們所重視的是諺語中所闡述的道德、社會道理，而且他們將其歸於介乎宗教與生活之間的一種語言形式，所以用民俗學的觀點來詮釋諺語，和宗教因素密不可分。

　　從以上觀點，我們可歸納出諺語的不同特性，包括具有普遍性、直接性、傳俗性，有時也具些許宗教性，它是由先民集體創作出來，藉由口語流傳簡短的文學形式，因此，在資料選取上就有一個更明確的標準。所收五百九十七則諺語，依其「內容」分為以下九類，每一大類再依其性質或使用狀態的不同，分為數類。

諺 語 出 處

❶見周振甫譯注：《文心雕龍譯注》，初版，（台北：五南圖書公司，1993），頁326。

❷見杜文瀾編：《古謠諺(上)》，四版，（台北：世界書局，1983，10月)頁3。

❸見梁實秋主編：《遠東英應英漢雙解成語大辭典》，初版，（台北遠東圖書公司，1980，10月），頁1017。

❹見林相周、黃均譯：《朗文初階英漢雙解詞典》，初版二刷，（香港：朗文出版公司，1989，9月），頁313。

❺見吳奚眞編：《牛津高級英英英漢雙解辭典》，12版，（台北：東華書局，1980，8月），頁847。

❻見李繼賢：《鹿港諺語釋說》，初版，（台中：學友印刷事業公司，1985，5月），頁7。

❼見楊蔭深：《中國俗文學概論》，四版，（台北：世界書局，1977，10月），頁8。

❽見高國藩：《中國民間文學》，初版，（臺灣：學生書局，1995，9月），頁551。

❾見鍾敬文主編：《民間文學概論》，一版四刷，（上海：上海文藝出版社，1984，3月），頁313。

❿見李獻章：《中國諺語概念形成(上)》，（台北：《大陸雜誌》，1983，4月），頁151。

⓫見周榮杰：《從台灣諺語看戲曲(上)》，（臺灣：《民俗曲藝》，61期，1989，9月），頁5。

⓬見陳國鈞著：《文化人類學》，平裝三版，（台北：三民書局，1992，8月），頁197。

⓭見李亦園編：《文化人類學選讀》，修訂三版，（台北：食貨出版社，1980，10月），頁272。

⓮見陳克編著：《中國語言民俗》，一版一刷，（天津：人民出版社，1993，1月），頁185。

⓯見林惠祥著：《民俗學》，臺四版，（臺北：臺灣商務印書館，1986，11月）。

第二節 自然氣候類

澎湖自然氣候惡劣，其影響層面最廣的就是當地的產業活動，其中又因天相、海象而有不同影響。首先，不論是農業或是漁業，都受到「風」的影響，季風雖然操縱著農耕的時機與出海的時間，但一般而言，對農業的傷害比漁業來得強烈；此外雨水也對耕期長短有所影響，所以我們把二者列入天象諺語的探討範圍，並從中了解它們和農業的關係。至於和漁業最相關的「潮汐」則受月圓、月缺的影響，因此澎湖漁民將它們串連成和陰曆關係密切的漁諺。以下分別詳細說明之。

一、與海象有關之氣候諺語

所謂海象，是指潮汐，雖說潮水每天有固定兩次漲退，但實際上一個月中的每一天潮差大小，有所不同，潮起落的時間也不同❶。一般而言，沿海地區及潮間帶，在退潮到最低，與漲潮到最高的一小

· 潮間帶（一）

· 潮間帶（二）

時中間，因水流動性最小，魚群會出來覓食，所以收穫最大。在海上潮差越小、水流穩定、或海水混沌時，魚類越會就餌入網，越適合漁撈，尤其是潮間帶及近海地區的作業。漁民們在心中建立一份潮水和出海時間的月曆，配合四季和漁汛做調整，因此，這份規則主宰著他們工作的時間和漁獲的多寡，茲依陰曆條列於下：

（1）月上、月落水淹 ❶ 。

guk4　tɕiu~33　guk4　lok4　tsui53　im55

　　一天二十四小時漲潮、退潮各兩次，月亮的東升和西落正是海水開始漲潮的時刻，故由月亮的起落可以判斷潮水起落，及漁船下海作業的時間。

（2）月起水淹三分❶。

gɯk4 ke53 tsui53 im55 sa~33 hun55

月亮升上地平線上的時候，這時候的潮水大約是漲到三分的程度。

（3）月落水淹三分。

gɯk4 lok4 tsui53 im55 sa~33 hun55

月亮沉落到地平線之下的時刻，這時候的潮水大約是漲到三分的程度。

（4）初一、十五天光返。

ts'ue33 it2 tsap2 go33 ti~55 kəŋ55 huan53

每月的農曆初一和十五日，天亮就是開始漲潮的時刻。因為初一、十五時月升上地平線，或月降到地平線下時間與日恰好相對，所以月亮升上地平線開始漲潮，月降下地平線時也開始漲潮，因為它恰在地球的最東點或最西點。

（5）初一、十六暗滿❶。

ts'ue33 it2 tsap2 lak2 am11 mua53

此諺言農曆的初一與十六日的子夜時滿潮，而後潮水漸退，一直到天亮後才又開始漲潮。原因與上句相同。

（6）前看初三，後看十八。

tɕiəŋ24 ka~53 ts'ue33 sa~55 au11 k'ua53 tsap2 pue53

一個月裡要了解最大潮流的日子，月初要觀察農曆的初三這一天，月中之後，就要觀察農曆十八這一天。但不管是哪一個月，農曆的初三或者是十八日，中午一定是大滿潮的時候，清晨、黃昏則是大退潮的時候。

(7) 初三攀牆月。

ts'ue33 sa~55 p'ua33　tɕ'ju11　gɯk4

農曆初三的夜晚，當天色全暗之後，所看到的是一彎如眉的上弦月，如果它的高度又剛好走到圍牆的高度時，叫作攀牆月。而此時的月亮又如果走到西邊的地平面，不管是不是初三，都表示潮水已退到最低潮點了，如果月亮又從又開始往下落，則表示潮水要開始漲潮了。

(8) 初三、十八九，嘸風駛船自己走。[20]

ts'ue33　sa55　tsap2　pue53　kau53　bo11　ho　ŋ55　sai24　tsun24　ka33　ki11　tsau53

農曆的初三、十八、十九日，是每個月潮差最大的日子，相對的，潮水推動船往前行的力量也最大，所以即使沒有風，在潮水的推動下，船也能自動往前移動。

(9) 初三、十八暝，早涸日晝滇。

ts'ue33　sa55　tsap2　puek2　mi24　tsa24　k'o53　ʑit4　tau11　ti~33

滇是滿的意思。夏天時農曆的初三或者是十八日傍晚是大退潮的時候，冬天農曆的初三或者是十八日早上是大退潮的時候。

（10）初三、十八見光大退，早退暗也退。

ts'ue33 sa~55 tsap2 pue11 ki~53 kə ŋ 55 tua11 t'ue11 tsa24 t'ue11 am11 ma11 t'ue11

農曆的初三與十八兩日的早晨，海水會呈現大幅的退潮，而該天晚上也會再大退潮一次。

（11）初三、十八流嘸一擔嘛有一頭。

ts'ue33 sa~55 tsap2 pue53 lau24 bo11 tɕit2 ta~11 ma11 u11 tɕit2 t'au24

意謂農曆的初三與十八兩天，是大退潮的日子，出海的漁獲一定會非常豐碩，即使沒有一擔（兩籮筐），也會有滿滿一籮筐的漁獲。

（12）初三、十八天光大蟶（一作：汐 ɕiə k4，或作：大水苦蟶 tua11 tsui24 k'o24 te11）。

ts'ue33 sa~55 tsap2 pue53 ti~55 kə ŋ 55 tua11 te53

冬季的初三及十八兩天日，天亮後潮汐還會大幅度退潮。

（13）初八、二四，一日二滇。

ts'ue33 puek2 ʑi11 ɕi11 tɕit2 ʑit4 lə ŋ 11 ti~33

每月的初二及二十四日這兩天可以發現白天會有兩次滿潮。

（14）初八、九仔、二三、四討海冤茭織。

ts'ue33 pue33 kau24 a53 ʑi11 sa33 ɕi11 t'o24 hai53 mje24 ka33 tsut2

　　茭織是一種用細竹籐或草所編成的手提籃子。農曆初八、初九、二十三、二十四、四天只有小退潮，並不適合魚撈，出去討海甚至可以不必攜帶籃子，因為根本不會有多少收穫。

· 茭織

(15) 初九、二四暝，月上、月落二三更。

　　ts'ue33 kau53　Ẓi11　Ȼi53 mi24 gɯk4

ʮȻ ju~33　gɯk4 lok4　Ẓi11 sa~33 ki~55

　　指農曆初九月亮落到地平線下，大約是晚上二、三更的時候；農曆二十四日月亮升上地平線上，大約是晚上二、三更的時候。

(16) 初十、廿五，吃下才巡滬。

　　ts'ue33 tsap4　Ẓi11 go33　ʮȻ ia11 liau53 tak4 sun11 ho33

　　一作：初十、廿五吃晝飽，好巡滬。

· 七美雙心石滬

・吉貝石滬（一）

・吉貝石滬（二）

ts'ue33　tsap4　ʐʑ i11　go33　tɕʑia11　tau11　pa53　ho24　sun11　ho33

一作：初十、廿五下晝滬。

ts'ue33　tsap4　ʐʑ i11　go33　tɕʑia11　e11　tau53　ho33

農曆每月十號和二十五號這兩天，白天最低潮時刻約在中午時分，因此吃過午飯後再去巡滬，捕捉滬中的魚，時間正好。

（17）初十嘸暝，十一人　廿五嘸暝，廿六人。

ts'ua33　tsap4　bo11　mi~24　tsap2　it4　laŋ24　ge24　ʐʑ i11　go33　bo11　mi~24　ʐʑ i11　lak4　laŋ24　ge24

農曆初十和二十五日，夜間退潮後，下海巡滬的時間是晚上十二點以後，也就是已經算是十一日或二十六日了，故即使滬中有漁獲也必須留給十一日或二十六日白天來巡視滬的人去捕捉，「無暝」是指晚上不睡覺去巡滬。

（18）滬岸赡離流當透。

ho53　ua~33　be11　li24　lau24　təŋ33　t'au11

先民在建造捕魚用的石滬時，都有一定的高度，這個高度大約是潮水線八分滿左右的高度，由於潮流在外海比在內海要來得湍急，所以海岸潮水退了兩分時，剛好看到石滬頂線時，外海的潮流大約已到流速最湍急的五分潮水線；因此老祖先教導我們在退潮時，如果我們看到石滬的圍牆開始露出水面，就知道是潮流流勢最大的時段。

(19) 初十、二五當小水道。

ts'ue33 tsap4　ʑi11 go33 tə ŋ 33 Ȼjo24 tsui24 to33

農曆的十號和二十五號兩天是一個月中潮水週期最小的兩天，這兩天的潮差都一樣稱爲小潮流，小潮流就是漲潮時水漲的不多，退潮時也退得不遠，且潮水的速度相當的緩慢，這時最適合海上的捕魚工作，不管用什麼方式捕魚，漁具都比較不會掛網，或是被潮水弄亂。

(20) 十一起流。

tsap2 it2 k'i24 lau24

農曆每個月潮水都會有一個週期，每天的潮差的程度都不一樣，一個月中最低潮的就是初十到十一號時，潮流就會漸漸增強，潮差會逐日加大，所以說十一日是一個月中潮流週期的開始。

(21) 十一水頭動，十二好掛網；二六水頭動，二七好掛網。

tsap2 it2 tsui24 t'au11 taŋ 33 tsap2 ʑi33 ho24 kua53 baŋ ～ 33　ʑi11 lak2 tsui24 t'au11 taŋ 33 ʑi11　tȻ'it2 ho24 kua53 baŋ 33。

　　農曆十一日或廿六日開始大退潮，也就是潮汐落差開始加大，稱為起潮或起流；潮間帶的顯露會漸漸增大，因此從十二日或二十七日起，就可從事潮間帶或淺坪的各種捕撈作業，多少會有所斬獲。

（22）十二、三當挨山。

tsap2　Z_ei11　sa~55　tə　ŋ　33　ua24　sua~55

　　農曆的每月十二、十三日是一個潮流最大潮差週期的開始。這兩天之後，潮水逐日的漲高與退遠，此時的潮流是逐漸向著海岸流進來，所以稱為「挨山」；也就是挨近陸地的意思。

（23）十二、三，槌仔當扁擔。

tsa11　Z_ei11　sa~55　tui24　a53　ts$ɯ$　53　pun53　ta~55

　　農曆的十二、十三日由於潮流擁向岸邊，所以在農曆八月份到九月份之間，如果遇到颳大北風的日子，就會把洄游在海上的丁香魚或鱙仔魚順著潮流趕入石滬內，由於這種魚群擱淺在石滬中的相當多，必須用槌仔（一種用整根竹子做的大扁擔）來挑。

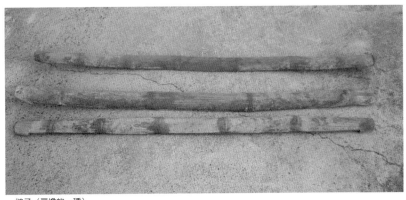

· 槌子（扁擔的一種）

（24）十二、三仔，二七、八去海閃月尾，月落水就淹。

tsap2　ʐi11　sa~33　ak4　ʐi11　tɕit4　pue11　kut4　hai53　ɕ
iam24　gue11　mue53　gue53　lok4　tsui53　to11　im55

指農曆十二、十三、二十七、二十八，這四天要下海捕魚作業，必須要等月落之前，否則夜色太過昏暗，而且月落時也正值漲潮與退潮交會之時，在海上作業是很危險的。

（25）十九坐到眼睛烏詋[21]。

tsap2　kau53　tse11　kau53　bak2　tɕju55　o33　au55

意謂農曆十九日這一天要等待月亮升上來，也就是潮水大約漲了三分的時候，要等到眼睛快閉上，瞌睡連連，因為這一天的月亮大約要晚上九點以後才升起，在早期沒有電燈的時代裡，這已經是相當晚的時分了。

（26）十九水倒坳。

tsap2　kau53　tsui53　to53　au55

每十八日是潮流能漲到最高的一天，而十九日是潮流開始變小的日子，稱為「倒坳」。

（27）廿九九尺月。

ʐi11　kau53　kau24　tɕ’jok4　guk4

農曆二十九日天亮之前還可以看到上升約九尺高的月亮，但這只是一種目測的高度，這時潮水大約漲到四、五分滿的高度。

（28）水神𣍐定。

tsui24　Ꞔi~24 be11 tia~33

此諺有兩種解釋：一是指潮水隨著漲、退潮度不斷流動的現象；一是指颱風過境時，海水呈現不穩定漲退的狀態。

（29）山神𣍐動，海神頭先動。

sua~33　Ꞔi~24 be11 ta33 hai24　Ꞔi24 t'au24　Ꞔjəŋ33 ta33

有颱風、暴風、地震或是海嘯發生時，陸地上還沒有受到任何影響，但是海水激盪的傳動力，早就影響到鄰近的海域，或是造成異常的海流，或是揚起海底的泥沙，造成水面混濁，經驗豐富的漁民會由海水的異常現象，來推測自然及天相的變化。

（30）上風落流。

Ꞔjo11 hoŋ55 lo11 lau24

上風是指颳了幾天颱風或大風之後，落流是指潮差很大的大潮流期；這種天氣之下海水混濁，魚兒覓食不易，自然魚的就餌率會大增，垂釣或網撈都可以說豐收在望。

（31）南流嘸著，涸流也會著 ❷。

lam11 lau24 bo11 tjok4 k'o24 lau24 a11 e11 tjok4

一作：南流嘸死，涸流嘛著死。

lam11 lau24 bo11 Ꞔi53 k'o24 lau24 ma11 tjo11 Ꞔi53

一作：南流嘸死〔Ꞔi53〕，涸流嘸氣〔k'ui11〕。

「南流」是指漲潮，因漲潮時海水是由南向北流；「涸流」是指退潮。漲潮的時候如果沒有補到魚，退潮時也一定捕得到，比喻只要是努力的漁民一定會有收穫。

（32）春晡，冬早，夏暗，秋日晝。

ts'un33 po55 ta~33 tsa53 ha11 am11　tɕ'ju33　ʑik2 tau11

這是推算一年四季中每一季大潮汐的時段，春季大退潮是下午的時段，冬季大退潮是清晨的時段，夏季大退潮是傍晚以後的時段，秋季大退潮是上午接近中午的時段。

（33）四月廿六，湧頭開目。❷❸

ɕi53 gue11　ʑi11 lak4 iə ŋ 11 t'au24 k'ui33 bak4

這是說農曆四月二十六日颳起來的南風，會使海浪破裂而形成浪風，但是如果有颱風來則不一定會登陸。開目就是指形成浪花。

（34）七月鬼，八月水。

tɕ'it4　gɯ 11 kui53 pue53　gɯ 11 tsui53

農曆七月俗稱鬼月，所以四處都是鬼。八月份則是漲潮是大潮流，叫八月水，如果有強勁的北風或是颱風，沿海地區就會引起嚴重的海水倒灌，也叫八月水。

（35）十月汐，卡贏查某子作大客。

tsap2 gue11 ɕjək4 k'a53 ia11 tsa33 bo24 kia53 tsɯ 53 tua11 k'ɯ k2

依照傳統習俗，女兒回娘家時，婆家往往準備豐富的禮物讓她帶回家，這就叫做「做大客」。而這對舊時一些貧窮的家庭而言，也

不失爲一次豐厚的收入。然而在十月份時，海水會有大退潮，下海在潮間帶所捕獲的漁穫非常豐厚，甚至比女兒回娘家時所帶來的收入更多，故有此諺。

　　綜觀以上諺語，我們可以歸納出來：通常退潮是漁民們一天工作的開始，漲潮則是回航的時候；說他們看「潮」吃飯，一點也不爲過。就季節而言，漲退潮差異只在時間先後，並無潮大小上的分別；就月份而言，除了十月份潮流漲退較大之外，並無其他諺語反映出那一個月的潮水起落較爲特別。唯一可以更詳細分析的則是一個月中的「每一天」之間的差異，而且，我們發現半個月是一個循環週期，一個月中會有2～4天的潮流漲退是相似的。以下列表做更詳細的說明。

日　　期	潮水起落特性	其　他
初一、十五、十六	子夜大滿潮，而後開始退潮，天亮退到底之後又開始漲潮。即清晨、黃昏時乾潮，子夜、中午時滿潮。	
初三、十八	一個月中滿、乾潮潮差最大的兩天。大乾潮時間：早晨、天剛黑時各一次。大滿潮則在中午。	一個月中潮間帶漁業收穫最豐的兩天
初八、初九、二十三、二十四	是一個月中潮差最小的時間。兩次滿潮都在白天，乾潮在晚上二、三更時（晚上七到十一點），但很小。	一個月中漁業收穫（尤指潮間帶漁撈）最少的時間。
初十、二十五、二十六	潮差也小，乾潮時間都是中午及半夜的十一至一點。	
十一、十二、十三、二十七、二十八	潮差增大週期轉換的開始，潮流急遽湧向岸來，水勢猛烈。	潮間帶收穫頻豐，但海上作業則因水流急猛而變得危險。
十九	一個月中潮流變小的開始。	
二十九	天亮時潮水漲到四、五分高。	

二、與天象有關之氣候諺語

澎湖地區的天候狀況，深深影響當地的農、漁業的發展。首先，因為並無任何山脈，因此乾旱而少雨；每年農曆七月或八月開始，到隔年農曆三、四月間，皆有強勁的東北季風；季節上，一年之中幾乎只有夏、冬二季，春、秋二季的天候並不明顯❷❹，因此並不適合農業的發展，並對捕魚作業造成諸多限制。但在這種惡劣的天然環境之下，也更見澎湖居民堅韌的毅力與生命力。澎湖氣候除了一般性的現象之外，所呈現的主要是在「風」、「雨」、「雷」、「颱」四個天候現象之中，我們可以從這些諺語中，看到它們和產業（尤其是農、漁業）的相關性。

（一）風

（1）新竹風，宜蘭雨，基隆霧港，澎湖風沙。❷❺

ɕin33 tjə k4 hoŋ 55 gill lan11 ho33 kue33 laŋ 24 bull kaŋ 53 p'i~11 oll hoŋ 33 sua55

意指新竹及澎湖的氣候特色皆為風大，宜蘭氣候特色則為多雨，基隆則是終年有霧。

（2）澎湖風，基隆雨。

p'ill oll hoŋ 55 kue33 la11 hoŋ 33

澎湖的風大是很有名的，基隆的雨經常下不停也很有名。

（3）正月南風三日站。❷❻

tɕia~33 gə11 lam33 hoŋ 55 sa~33 Ʒit2 k'ia33

農曆正月吹南風，表示會有三天的好天氣。

(4) 春風怕日光❷。

ts'un33 hoŋ55 kia~33 Ȥit2 kəŋ55

（一作：春風只怕大〔tɕi24 kia~55 tua11〕日光。）❷

　　春天時如果出太陽，風才會停下來。春天時正值大陸冷高壓與海面暖低壓勢力消長變化的時刻，此時若出太陽回暖，代表來自南邊的暖氣流勢力較強，所以東北風便減弱，故有此諺。

(5) 二月二九烏狗王。

Ȥi11 gɯ11 Ȥi11 kau53 o33 kau4 oŋ~24

　　二月二十九也是一個颳大風的日子，但烏狗王為何許神則不得而知。

(6) 南風轉北，落到沒頭殼。

lam11 hoŋ55 tə~24 pak2 lok2 kak4 bo33 tak2 kak2

　　初春颳南風，若突然轉為北風，會有傾盆驟雨，路人閃避不及，往往被淋得像落湯雞一樣。

(7) 頭水南風三日作。

t'au11 tsui53 lam33 hoŋ55 sa~33 Ȥit tso11

　　每一年第一次吹來的南風叫做頭水南風。這種風濕氣很重，而且往往要連吹三天，使得屋子裡都濕濕的。

(8) 拼西南恬就不怕熱❷。

pia~53 sai33 lam11 aŋ55 to11 m11 kia~33 zua53

意謂夏天時若有西南氣流來到，天氣就不會熱了，因爲西南氣流會帶來大雨或是西南風，皆有降溫的作用。

（9）七月到，展秋風 **❸⓪**。

tɕ'it4 guek2 kau11 tjan24 tɕ'ju33 hoŋ 55

農曆七月下午二、三點如果颳起北風，這種北風就會持續到天快亮的時候才停，在這段期間漁民只好休息到天快亮時，等風停了，再駕船出海捕魚。

（10）秋風驚鬼，北風嘸入內。

tɕ'ju33 hoŋ 55 kia33 kui53 pak4 hoŋ 55 bo11 Ʒip2 lai33

農曆立秋，風向轉向北風，謂之秋風；在農曆的七、八月份，白天或許有五至六級的北風，但是一到晚上，卻沒有半點風，因此說秋風到了晚上怕鬼就不吹啦！秋天雖吹北風，可是由於屋外炎陽高照，因此屋內仍感到悶熱，所以說北風不吹進屋子裡面。

（11）九月九港風 **❸①**。

kau24 gue11 kau53 ka~24 hoŋ 55

農曆九月如果就颳起季風，那麼風勢就會很厲害、很強勁。

（12）九月初九，蓋菜栽 **❸②**。

kau24 gue11 ts'ue33 kau53 k'am53 ts'ai53 tsai55

· 馬公市菜園里東安宮

·馬公市菜園里東安宮李府元帥

·冬天的菜宅（菜園）

農曆九月初九是李府元帥聖誕，當天一定會颳起強烈的北風，故一向被視為神蹟。但此時也是農民們種植高麗菜苗的時候，所以農民都會在這一天做好防護菜苗的準備。

(13) 海鳥飛上山，破裘著牽來幔。

hai24 tɕiau53 pe33 tɕju11 sua55 p'ua53 hui24 to11 k'an33 lai11 mua55

看到海鳥飛向陸地，就代表風大到海鳥也不敢停留在海上，要趕快上岸，而這種天氣也是極寒冷的，所以即使是已經破舊不堪的衣服，也要趕快拿來披在身上禦寒。幔作動詞，是披著的意思。

(14) 澎湖出傻(狂)風**㉝**。

p'i~11 o24 tsut4 go11 hoŋ 55

意謂澎湖最有名的就是它冬天狂暴的季風，出是出產的意思。

（15）日報一，暝報七，雞仔啼報十一。

Ⱬit4　po53　it2　mi24　po53　tɕ‘it2　kue33　ak4　t'i24　po53　tsap2　it2

冬天的東北季風如果是在白天時風力加強，表示會颳一整天的大風；如果是在晚上時風力加強，表示會颳七天的大風；如果是在清晨時風力加強，表示會颳十天以上的大風。

（16）北風透過暝，抱石壓簷前。

pak4　hoŋ　55　t'au53　kue53　mi~24　p'o11　tɕjok4　te53　mi~11　tɕi~24

北風是指農曆五、六月颱風要來之前的北風，因風勢太過強勁，所以要去搬石頭來壓住屋瓦，以免它們飛走。

（17）十二月南風天現報。

tsap2　Ⱬi11　ɡɯ11　lam33　hoŋ　55　tjen33　hien53　po11

農曆的十二月應是吹北風的，但是如果忽然吹南風天氣變好，就代表接下來天氣會變得很不好。因為低壓出現在高壓前，會改吹南風，但接下來就會有陰雨綿綿的天氣，所以吹南風天氣反而不好。

（18）十二月南風當面爆（一作：報）**❸❹**。

tsa11　Ⱬi11　gue11　lam33　hoŋ　55　tə　ŋ33　mi11　po11

爆（報）是爆（報）頭。天氣惡劣就叫爆頭。天氣變化的徵兆則叫報頭。

　　此句意謂十二月如果吹南風的話，馬上就會有鋒面南下，因為冬天時若有低氣壓在南邊，高氣壓在北邊，所形成的鋒面會先吹南風，而後鋒面南下開始下雨，最後再回復到吹北風的天氣。

（二）雨

（1）今日出暗掛，明啊仔曝到破。

kin33　Ẑit4 ts'ut4 am53 kua11 mia24 a53 tsai11 p'ak2 kak4 p'ua11

　　出暗掛是指在連續數天的陰雨之後，到了某一天傍晚陽光忽現，穿過烏雲，照耀大地。通常出現這種情況，接下來那一天必會豔陽高照，天氣炎熱。

（2）罩霧若打不開，戴笠著幔棕簑。

ta53　bu33　na11　p'a53　be11　k'ui55　tik4　lə　k4　tjo11　mua33 tsa33　sui55

　　早上如果籠罩著霧氣，在太陽升上之前還未能散開的話，那這一天一定是濕度很大，或是陰雨綿綿。早期的人在這種天氣要出門工作，一定要戴著斗笠，穿簑衣。

（3）早雷嘸遇午時雨。❸❺

tsa24　lui24　bo11　gu11　go11　Ĉill　ho33

意謂早上如果打雷，中午就不會下雨。

(4) 早雷，嘸過午時雨。

tsa24 lui24 bo11 kue53 go11　Cₑi24 ho33

意謂清晨如果有雷響聲，在中午到來之前一定會下雨。此諺意思雖與上一句諺語相同，但是表達的方式卻不一樣。

(5) 蛇出空，要落雨。

tsua24 ts'ut4 kaŋ　55 bek4 lo11 ho33

蛇爬出了洞穴，表示土中太過潮濕，也就表示要下雨了（和俗稱:「礎潤而雨」道理是相同的）。

(6) 西嶼若烏就要落雨。

sai33 su33 na11 o55 to11 bek4 lo11 ho33

西嶼的上空如果出現烏雲，表示不久之後就要下雨了；因為澎南地區在西嶼鄉的東南方，西嶼出現積雨雲，就是下西北雨的預兆。

(7) 初一落，初二散，初三落到月半。

ts'ue33 it4 lok4 ts'ue33 Zₑi33 sua~11 ts'ue33 sa~55 lo11 kau53 gue11 pua11

農曆初一如果下雨，初二就會放晴，但是如果到初三仍雨下不停，那到月中的十五號仍然很難放晴。這種對於雨的預測，用在陰雨不斷的梅雨季較為適合，若是一般時候的天氣，則就不一定如此了。

(8) 頂看初三，下看十八。

tjəŋ24 k'ua~53 ts'ue33 sa55 e11 k'ua53 tsap2 puek2

農曆每月的三號和十八號，如果下雨，這個月的雨就會一直下個不停。

（9）春那寒，雨那泉。

ts'un55 na11 kua24 ho33 na55 tsua~24

此句意指春天如果是冷的話，春雨就會綿綿不絕。

（10）雨澆上元燒，日晒清明種。

ho33 ak4 ɕjo11 guan11 ɕio55 ʑip4 p'ak2 tɕ'i~33 ma~33 tɕiəŋ53

上元節（即元宵節）如果下雨，清明節一定是晴天。

（11）立春落雨到清明。

lik2 tsun55 lo11 ho33 kau53 tɕ'i~33 mia~24

立春（通常在國曆的二月四或五日）如果下雨的話，雨會一直下到清明時。

（12）二月初二頓枴。

ʑi11 ɡɯ11 ts'u33 ʑi33 tun53 kuai53

農曆二月初二是土地公的生日。祂頓枴表示祂生氣了，所以會打雷下雨。

（13）二、三月，西北起吊眉。

ʑi11 sa33 ɡɯk4 sai33 pak2 k'i24 tiau53 bi~24

是指農曆的二、三月份大多是晴天，忽然有沉悶的感覺，天空

的西北方由一條白色光亮的雲帶，漸漸形成一條黑色的雲帶，這條雲帶來得快緊，更帶來暴風雨，是謂「起吊眉」。對捕魚的人而言，作業中遇到這種情形是非常危險的。

（14）四月初一佛仔報。

ɕi53 ɡɯ11 ts'ue33 it2 put2 a24 po11

（一作：四月初三〔sa~55〕佛仔報）。

（一作：十個大人輸一個囝仔）。

tsap2 ɡɯ11 tua11 laŋ24 su33 tɕit2 ge11 gin11 ne24

農曆初一或初二、初三是一尊孩童神（俗稱太子神）的生日，是一個下雨的報頭，因為至年初至三月如果都沒有降雨，到了四月初這個報頭就會普降甘霖。

（15）四月東，五月西，雨那來。

ɕi53 ɡɯ11 taŋ55 go11 ɡɯ11 sai55 ho33 na24 lai24

四月刮東北風，五月刮西南風，則雨會連下個不停；風向的轉變代表冷空氣與暖空氣交接，形成鋒面，故雨就會下不停；隨著天氣漸漸轉暖和，風向也由東北轉向西南。

（16）春霧曝死鬼，夏霧作大水。

ts'un33 bu33 p'ak2 ɕi24 kui53 ha11 bu33 tsue53 tua11 tsui53

這句話是用早晨的霧來預卜當日的晴雨。春天時早晨有霧，當天就會是個大晴天，但夏天時早晨有霧，當天就會是個大雨天。

（17）春南夏北，嘸水磨墨。

tsu33 lam24 ha11 pak2 bo11 tsui53 bua11 bak4

春天如果吹南風，夏天如果吹北風，那麼這一年就有鬧旱災的可能，「無水可磨墨」是形容旱災的嚴重性。

（18）五月落雨，獪過路。

go11 gɯ11 ho33 be11 kue 53 lo33

五月下的雨是很短暫的，路的這頭下雨，但是過了那頭就沒雨了。在積雨雲下有雨，過了這片積雨雲就沒有雨了。

（19）六月雨，獪過路。

lak2 gɯ11 ho33 be11 kə 53 lo33

農曆六月下的雨多是短暫的雷陣雨或對流雨，只會在烏雲籠罩的地方才有下雨，其他的地方卻不會下，真的是來的快去得也快。

（20）西北雨，下獪過田岸。

sa33 pak4 ho33 lo11 be11 kue53 ts'an11 hua~33

夏季常見的雷雨或驟雨如果是從西北方開始下的，就會來得快去得也快。

（21）梅雨滲，九日黑。

mue11 ho33 sap4 kau24 Ʒit2 o55

意謂梅雨季一來，天候就維持一陣子的陰雨天。

(22) 九月九那日**❸❻**。

kau53 gek2 kau24 na24 Ẕik4

農曆九月份就開始有晝短夜長的現象。其實這和天候也有關，由於東北季風增強，天黑後氣溫較低，就更顯陰暗了。「九那日」是日落得很早的意思。

(23) 九月九那日，憨慢查某提艙直。

kau53 gɯ11 kau24 na~24 Ẕit4 han11 man11 tsa33 bo53 t'i11 be11 tit4

農曆九月份的白天最短，所以手腳較慢的婦女，工作往往做不完。

(24) 九月初三，十月初四，嘸風颱嘛有雨意。

kau24 gue11 ts'ue33 sa~55 tsap2 gue11 ts'ue33 Ꞇi11 bo11 hoŋ 33 t'ai55 ba11 u11 ho33 i11

澎湖每年逢九月初三、十月初四這兩個日子，大多會刮風或下雨。通常諺語中所指的某一天的天候現象，實際上也包括那一天前後的那段日子。

(25) 十月十六，日月相磔。

tsap2 gɯ11 tsap2 lak4 Ẕit2 guat4 Ꞇjo33 kak4

「磔」是相遇或碰到的意思。此諺是說農曆十月十六這一天如果早上剛好太陽升起，月亮又將落而未落，此時太陽與月亮分別在東西方的天空遙遙相對，這就表示來年會是一個豐收的好年冬。

（26）烏龜濫，濫到廿九晚。

o33 ku33 lua~33 lua~11 kau53　$\mathbb{Z}_{\mathbb{e}}$i11 kau24 am11

農曆十二月初三如果是陰雨天就叫作「烏龜濫」，有這種現象就表現陰雨寒冷的天氣會持續到除夕夜爲止。因爲十二月初易有滯留鋒形成，故會陰雨不斷，甚至延續至年底。

（三）颱

（1）四月颱嘸人知。

$\mathbb{C}_{\mathbb{e}}$i53 gue11 t'ai55 bo11 la$\mathfrak{y}$　11 tsai55

早期沒有天氣預報，對於較少發生的天氣狀況，往往無法預知而死傷慘重，農曆四月份一向沒有颱風來襲，如果反常有颱風此時來，往往沒有人會知道。因這個月正值春夏天氣交替，風向不定，即使是有颱風來而風向改變，也不易有警覺，故言之。

（2）五、六嘸善北，見北就成颱 **❸**。

$\mathfrak{y}$o24 ljok4 bo11　$\mathbb{C}_{\mathbb{e}}$ien11 pak2 kin53 pak2 tjo11 $\mathbb{C}_{\mathbb{e}}$j$\mathfrak{e}$ $\mathfrak{y}$33 t'ai55

此處的北是指北風，夏天本來是吹西南風，但若有颱風要來，南方的熱帶性低氣壓呈逆時鐘方向旋轉，氣流由北向南移動，北方氣壓又高，自然形成北風，故農曆五、六月一但颱起北風，就代表南方有颱風要來了，故謂見北（風）就成颱。

（3）五、六嘸善北，七、八月從西而來 **❸**。

$\mathfrak{y}$o24 ljok4 bo11　$\mathbb{C}_{\mathbb{e}}$ien11 pak2　t$\mathbb{C}_{\mathbb{e}}$'it4 puek4 gek4 tui~53 sai55　$\mathbb{Z}_{\mathbb{e}}$i11 lai4

此句前半段與上句相同，後半段意指夏天若不是吹西南風，而反吹北風，那農曆七、八月的颱風就會從西方或西南方侵襲澎湖，造成所謂的秋颱，並造成嚴重的損失。

(4) 五、六嘸同八 ❸❾。

ŋo24 ljok4 bo11 ka~11 pat2

此諺是先民告訴現代人：農曆五、六月應該吹南風，如果轉為吹北風，即顯示天氣反常，主要就是因為可能會颳颱風，反之如果農曆八月風向自南風轉向北風，那是正常的氣候，因為八月已經是秋天，應該颳東北季風了，所以說五、六月與八月風向轉成北風，是有不同的意義的。

(5) 八月颱嘸人知，九月颱較厲害。

pue53 gɯ11 t'ai55 bo11 laŋ11 tsai55 kau24 gɯ11 t'ai55 k'ak4 li11 hi33

農曆五、六、七月的颱風要來之前，風向會有由南轉北的徵兆。但是農曆八月份已颳起輕微的東北季風，所以的颱風要來之前，不會有什麼徵兆。而九月份則因為東北季風更強的關係，所以颱風威力更加厲害，災害也更嚴重。

(6) 九月颱，嘸人知 ❹❶。

kau24 gue11 t'ai55 bo11 laŋ11 tsai55

農曆九月的颱風比較容易轉向，往往在人們不知不覺中它就回過頭，或轉變方向，即使是現代的天氣預報，對其也是小心翼翼，而

長久以來的經驗顯示轉向的颱風比較溫順，而回頭的颱風較為厲害，如民國七十五年的韋恩颱風、八十八年的丹恩颱風，都屬於回頭颱，均造成嚴重的災害。

（四）雷

（1）正雷二閃，抱子走獪赿。

ₜɕjan53 lui24 Ẓi11 ɕik4 p'o11 kia~53 tsau24 be11 li33

農曆正月二月聽到雷聲，看到閃電，雨馬上就會下下來，想要抱著小孩躲雨都來不及。春天時由於冷暖氣團勢力相當，形成鋒面，因而對流旺盛，易形成雷電現象。

（2）三雷滴斷。

sa~33 lui24 ti53 təŋ33

三月的雷聲表示沒有雨水。

（3）三月雷陳龍教子。

sa~55 ge11 lui24 tan24 ljə24 ka53 kia~53

三月打雷是正常的現象。傳說是龍在教龍子如何翻雲覆雨

（4）四月雷陳割緄走。

ɕi53 ɡɯk4 lui24 tan24 kuak53 kun53 tsau53

· 延繩釣具

四月份聽到雷聲就代表暴風雨馬上就要來了，在海中以延繩釣捕魚的人要立刻把繩釣斬斷，趕快返航。

（5）五月雷陳斷風吼。

go11 gɯk4 lui24 tan24 tə ŋ 11 hoŋ 33 hau53

風吼是大風的意思，五月份如果有雷，表示不會颳大風。

（6）六月，一雷接雙颱❹。

lak4 ge11 tɕi11 lui24 tɕi53 ɕia33 t'ai55

指農曆六月初以後打雷的話，就代表颱風會接二連三地來。

（7）六月初一，一雷壓九颱。

lak2 gue11 ts'ue33 it2 tɕit2 lui24 te53 ka~24 t'ai55

農曆六月初一如果打雷，那麼那一年的颱風就會很少。

（8）六月有雷只三颱，七月一雷九颱來❷。

lak2 guek4 u11 lui24 tɕi24 sa33 t'ai55 tɕ'it4 guek4 tɕit4 lui24 kau24 t'ai55 lai24

言（農曆）七月北風多主颱，六月有雷則無颱。七月北風就代表天氣要變不好，所以是一種颱風來的徵兆。

（9）七月月初一，一雷九颱來。

tɕ'it4 gue11 ts'ue33 it2 tɕit2 lui24 kau24 t'ai55 lai24

農曆七月初一如果打雷，那麼那一年的颱風就會很多。

(10) 六月(一說：八月)雷陳田必裂。

la11　ɡɯk4　lui24　tan24　ts'an24　pit4　lek4

六（八）月有雷表示不會下雨，天氣乾旱使得田地都乾得龜裂了。

(11) 六月雷陳長風哮，七月雷陳割縄走。

lak2　guek4　lui24　tan24　tə ŋ11　hoŋ　33　hau53　tɕ'it4　guek4
lui24　tan24　kua53　kun24　tsau53

農曆六月天如果打雷，通常颱風不會來，但七月一打雷，颱風
一定來。割縄走指的是匆忙底躲避雨，疾走的樣子。

(12) 七月雷陳風就來。

tɕ'it2　gek2　lui24　tan24　hoŋ　55　tjo11　lai24

意指七月份如過果打雷的話，會因爲有颱風來而起風。

(13) 七月（一說：九月kau53　ɡɯk）雷陳倒田（一作：厝ts'
u53）宅。

tɕ'it4　ɡɯk4　lui24　tan24　to24　ts'an11　t'e55

七（九）月份的雷會帶來豐沛的雨量，甚至是颱風的雨，這種
強勁的雨一旦積水，或衝力太強，就會使田的圍牆或房屋的牆因此崩
塌。

(14) 八月雷陳白雲飛。

pue53　ɡɯk4　lui24　tan24　pjək2　hui24　pɯ55

八月的雷不會帶來雨水，只會有微微的北風，把天空的白雲吹
向南方。

（15）九月雷陳九降。

kau24　gɯk4　lui24　tan24　kau24　ka~11

農曆九月的雷會下起濛濛細雨。因此時爲秋冬之交，易有鋒面形成而陰雨綿綿。

（16）十月雷陳，十月燒。

tsap2　gɯk4　lui24　tan24　tsap2　　gɯ11　Cejo55

十月的雷會使初冬的十月溫暖而不寒冷。因南方暖氣團較強，形成秋天溫暖不冷的現象。

（17）十一月雷陳寒儋著。

tsap2　it4　　gɯ11　lui24　tan24　kua11　be11　tjok4

農曆十一月的雷會使氣溫不下降，維持像十月時的樣子，較爲溫暖而不寒冷。

（18）十二月雷陳遘破蓆。

tsap2　ʑei33　gɯ11　lui24　tan24　kau53　p'ua53　　tCɕ'jok4

十二月雷會帶來綿綿冬雨，雨一直下，洗過的衣服不容易乾，貧窮而沒有衣服穿的人，只好把破草蓆捲在身上禦寒。

（五）節氣

（1）送神風，接神雨 ❹❸。

saŋ53　Cɕi~11　hoŋ55　tCɕiap4　Cɕi~11　ho33

送神是農曆十二月二十三日，據說那一天都會颳大風，而澎湖的送神日比台灣的二十四日早一天，據說是為了體諒土地公已年邁，讓祂早一天吃飽，好慢慢回天庭述職。

至於接神是農曆正月初四，據說那一天一定會下雨。

（2）正月寒死豬，二月寒死牛，三月寒死查某子媳婦。

ʨia55　　ɡɯ11　kua11　　ɕi24　tɯ55　ʑi33　ɡɯ11　ka~11　ɕi24　gu24　sa~55　ɡɯ11　kua~11　ɕi24　tsa33　bo24　kia24　ɕi m33　bu33

農曆一月份冷死豬隻，二月份凍死牛隻，三月份凍壞了下田工作的女兒和媳婦。由此可見，澎湖的冬末春初是多麼寒冷。

（3）春天後母面。

ts'un33 t'i~55 au11 bo24 bin33

春天的天氣不穩定，變化多端，就像後母的臉色善變、難以預料。

（4）頭春天，三報二靜。

t'au11 ts'un33 t'i55 sa~33 po11　ʑi11　　ʨjə ŋ~33

天氣剛轉為春天時，往往三天颳風，兩天放晴無風。此句是在提示人們天氣要漸漸好轉了。

（5）立春寒到勾筋。❹❹

lik2 ts'un55 kua33 ak4 kju53 kun55

立春時天氣很冷，冷到令人抽筋。立春在二月初，爲冬末春初，正是一年中天氣最冷的時候。

(6) 三月穿三款。

saa~33 gɯk4　tɕ'iə ŋ11 sa~33 k'ua53

三月份正值春天天氣多變，故一天當中有可能換穿三種不同厚薄的衣服。

(7) 四月芒種雨，五月無乾土，六月火燒埔。

ɕi53 guek4 bo~11　tɕ'jə ŋ24 ho33 go11 guek4 bo11 ta33 t'o24t lak2 gue4 hue55　ɕjo33 po55

一作：五月嘸乾土，六月火燒埔（讀音同上）

此諺意謂四月份若由節氣的芒種開始下雨，若農曆的五月雨水也很多，農曆六月份的天氣就會又乾又熱，像火燒大地一樣。

(8) 清明谷雨後，海水插牛鞭❹。

tɕ'i~33 mia24 ko55 u53 au33 hai24 tsui53 ts'ak4 gu11 pien55

此指過了清明與谷雨兩個節氣之後，澎湖冬北季風開始減弱，氣溫逐漸回升，天氣也慢慢變好，海面上漸趨風平浪靜，漁民們也可以開始出海捕魚。插牛鞭是一種誇飾的說法，以誇大海面上平靜的程度，平靜到即使插上牛鞭也不會讓浪衝倒。

(9) 來，要赴清明；去，要赴七月半❹。

lai24 bek4 hu53　tɕ'i~33 mia24 ku11 bek4 hu53　tɕ'it4 gue11 pua~11

這句話是澎湖老一輩用來形勢容燕群來去遷移的俗諺。在乍暖還寒的初春，燕群驟然到臨，多得數不清，清明節又逐漸減少，留下的忙著築巢孵育下一代，等到最後這批幼燕離開，已經是七月初了，因此居民中的長者往往不經意的念此諺，代表對燕兒嬌客的關愛。

(10) 嘸吃五月節粽，破裘嗯敢放。

bo11　tɕia11　go11　ɡɯ11　tsue53　tsa11　p'ua53　hui24　m11　ka~24　pa11

意謂還未過端午節之前，天氣都很不穩定，外套還不能收藏起來，要過了端午節，天氣才會真正地逐漸炎熱起來。

(11) 六月天，七月火 **❹**。

lak2　guek4　ti~55　tɕ'it4　guek4　hue53

此諺言農曆六月及七月正值夏天，是一年之中最炎熱的時候。

(12) 六月入秋緊溜溜，七月入秋秋後油。

lak2　guek4　Ẓip2　tɕ'ju55　kin55　lju33　lju55　tɕ'it4　guek4　Ẓip2　tɕ'ju55　tɕ'ju33　au11　ju24

六月份若有秋天的天相，那麼該年的多天北風就會來得很快。但若立秋這個節氣是出現在農曆七月份，那麼立秋之後的天氣就會無風而炎熱，則冬天就會來得晚。

(13) 七月半燕子，嗯驚熱 **❹**。

tɕ'it4　ge11　pua53　ŋi53　e~11　m11　kia33　Ẓuak4

意指每年中元節燕子就開始遷徙到本縣，一點兒也不怕熱，好像在告訴我們秋天將至，天氣就要變涼了

（14）八月三個五。

pue53 gek2 sa33 ge11 go33

農曆八月五日、十五日、二十五日（即國曆的九月時）這三個有五的日子，均會有天氣變化的「報頭」，尤其是有颱風來襲的可能。

（15）菅芒開花，羅漢叫苦。

kua33 ma24 k'ui33 hue55 lo33 han11 kio53 k'o53

菅芒開花就代表冬天的腳步近了，天氣會越來越冷，而單身漢或乞丐便開始叫苦連天。

（16）大寒唔寒，人馬不安。

tai11 han24 m11 kua24 Z_{ρ} i11 ma53 pu53 an55

農曆節氣的大寒這一天如果反而不寒冷，那就表示接下來的天氣會極不穩定，會使人畜罹病，日子不安。

（17）冬至置月頭，要寒年腳兜，冬至置月尾，要寒正二月。

ta33 tsue53 ti55 gue11 t'au24 bek4 kua24 ni33 k'a33 tau55 ta33 tsue11 ti55 gue11 bue53 bek4 kua24 tC_{ρ} ua 24 Z_{ρ} i11 guek4

（一作：冬至置月頭，要寒置年兜，冬至置月中，嘸寒嘸死傷，冬至置月尾，要寒置正二月。）

ta33 tsue53 ti11 gue11 t'au24 bek4 kua11 ti11 ni33 tau55 ta33
tsue11 ti11 gue11 tjo~55 bo11 kua~24 bo11 ȵi24 ȵjo~55 ta33
tsue11 ti11 gue11 be53 bek4 kua11 ti11 tɕua~24 ʑi11 guek4

（一作：冬至置月頭，要寒置年兜，冬至置月中，嘸寒也（一
作：甲：kak4）嘸霜，冬至置月尾，要寒置正二月）❹

ta33 tsue53 ti11 gue11 t'au24 bek4 kua11 ti11 ni33 tau55 ta33
tsue11 ti11 gue11 tjo~55 bo11 kua~24 ba11 bo11 sə ŋ 55 ta33
tsue11 ti11 gue11 be53 bek4 kua11 tɕua~24　ʑi11 guek4

此諺言：冬至如果是在國曆十一月上旬，表示接近年底（即新
年快來時的農曆十二月底）天氣會很寒冷；冬至如果在國曆十一月中
旬，表示今年冬天不會出現很寒冷的天氣，人畜平安；冬至如果是在
國曆十月下旬，表示寒冷的天氣會出現在農曆的正月及二月。

（18）冬至眠睏膾光。

taŋ 33 tsu53 mi~24 k`un53 be11 kə ŋ 55

（一作：冬至眠長三尺。）❺

taŋ 33 tsu53 mi~24 tə ŋ 11 sa33　tɕ`jok2

此兩則諺語都是說明冬至那一天，是一年中北半球夜最長而晝
最短的天文現象，因為此時太陽直射南半球的極南點。

（19）打狗唔出門。

p'a53 kau53 m11 ts'ut4 mŋ 24

　　澎湖的冬天平均氣溫其實不低，但卻非常寒冷，主要是因爲東北季風強勁造成的。因爲這麼冷，當然沒有人願意出門，所以即使主人打狗，狗也因爲太冷了而不願逃出門。

　　澎湖的天候冬冷而夏熱，冬天吹東北季風，風勢強勁，夏天吹西南風，帶來水氣；春天雖很陰冷，但時間不長，秋天氣候則幾乎感覺不到。一年中最主要雨季是夏天，其來源是颱風與梅雨。颱風的時間由農曆四月到九月，其中又以九月秋颱（又稱回頭颱）最爲可怕。澎湖居民並且能善用各種天象、氣象的變化，來作爲時序、氣候改變轉換的預測（如：以雷測雨與颱，以風測天候的轉變），對照現代科學觀測亦準確無誤❺❶，更爲他們的天氣諺語，增加不少的科學智慧。

諺 語 出 處

❶❻此二表由中央氣象局澎湖氣候站前主任許天生先生提供。表（一）為馬公高低潮時刻表，表（二）為高低潮示意圖，謹此誌謝。從二表印證發現，諺語中漲落潮時間的描述，與二者都相符，可見前人觀測之仔細。

❶❼此諺來自合橫國小編：《我愛合橫》，初版，（澎湖縣：合橫國小出版，1998），頁30。

❶❽此諺來自洪敏聰：《西嶼鄉民俗概述》，自費出版，（澎湖，1993，6月1日），頁313。

❶❾此諺來自鄭中和：《討海之歌》，（中國時報：人間副刊，19938月21日）。

❷⓪此諺來自七美國小許進豐主任，（年58，出生至今皆居於七美，曾任七美鄉第九屆鄉長），採集日期1997，10月。

❷❶此諺來自洪敏聰：《澎湖風情話……諺語集》，初版，（澎湖：澎湖縣立文化中心，1996，6月），頁17。

❷❷此諺來自高百達老師（年56，出生至今一直居於馬公市案山里，馬國中教師）採錄時間：1997，4月。

❷❸此諺來自尚慈《氣象俗話》（澎湖時報：一版，1999，6月5日）。

❷❹此表由中央氣象局澎湖氣候站前主任許天生先生提供。表（三）為風速資料氣候值統計表。

❷❺此諺來自《外婆的澎湖灣》，（澎湖：建國日報，創刊特刊版，1999，10月16日）。

❷❻此諺來自楊金燕：《澎南區文化資源集錦》，平裝初版，（澎湖：縣立文化中心出版，1998，12月），頁156。

❷❼此諺來自許麗鈞主編，鄭重等人撰稿、攝影：《竹灣風情》，初版，（澎湖：西嶼鄉竹灣國小，1998，6月），頁166。

❷❽此諺來自張冬燕老師（年52，出生於馬公市前寮里，嫁至馬公市案山里，馬公中山國小教師）採錄日期：1997，9月。

❷❾此說來自尚瑩：《拼西南尪就不驚熱》（澎湖時報：1版1997，7月4日）。

❸⓪此諺來自高伍愛女士（七美人，年82，居七美50餘年，移居馬公約30年），採集時間1997，8月。

❸❶此諺來自江淑玲等二十四人編：《愛在七美》，初版，（澎湖縣：七美國小，1997），頁76。

❸❷此諺來自菜園社區發展協會：《李府元帥顯神通》（菜園社區報：七期、2版、1999，11月10日）。

❸❸此說來自余光弘《媽宮的寺廟……馬公市鎮發占展與民間宗教變遷之研究》，一版二刷，（台北：中央研究院民族研究所出版，1994，6月）頁5。

㉞此諺來自顏進興先生(馬公人，52歲，出生至今皆居於澎湖)，採集時間：1997，5月中旬。亦見於洪敏聰：《西嶼鄉民俗概述》，自費出版，(澎湖，1993，6月1日)，頁310。但其「報」字與顏之說相異，皆列入記載。

㉟此諺來自澎湖縣鄉土教材編輯委員會編：《澎湖鄉土教材母語篇⋯⋯人食嘴水》，初版，(澎湖：澎湖縣政府出版，1997，6月)，頁145。

㊱此諺來自陳財本先生(虎井人，54歲，海安六號游遊艇船長，自十三歲討海行船至今，未離開過該島)採集時間：1998，9月。

㊲此諺前半句來自高伍愛女士(七美人，年80，居七美50餘年，移居馬公約30年)採集時間：1997，8月。後半句來自陳結雙船長(虎井人安勝輪船長至今仍居於虎井嶼以架駛交通船及遊艇為業)

㊳此諺來自鄭秀成《五六無善北七八月從西而來》(澎湖時報：8版、199810月)

㊴此諺來自尚慈：《風巷由南風轉向北風》(澎湖時報：6版，1999，7月24日)。

㊵此諺來自吳敏菁《送神風接神雨》(中國時報：21版、1999，2月9日)。

㊶此說來自許呂齊女士(七美人，年87歲，至今未離開過該島)採集時間：1997，10月。

㊷此諺與解釋都引自林豪：澎湖廳志，初版，(南投：臺灣省文獻會，19936月30日)，頁37。

㊸此諺來自尚慈：《十一月師公十二月裁縫》(澎湖時報：8版、1998，10月6日)。

㊹此諺來自白沙鄉林丙寅老師，採集時間為1998，2月及1999，8月。

㊺此說來自歐成山：《清明谷雨後》(建國日報：1版，1991，4月5日)。

㊻此諺來自吳敏菁《盼得燕兒歸》(中國時報：1997，8月25日)。

㊼此諺來自尚慈：《六月天七月火，才能孵出龜兒子》，(澎湖時報：一版，1999，11月24日)。

㊽此諺來自尚慈：《俗諺：七月半燕子不驚熱；顯示多天已至》，(澎湖時報：三版，1999，8月24日)。

㊾此諺來自尚慈：《俗諺》(澎湖時報：1版、1999，12月18日)。

㊿此諺來自張詠捷：《阿公與冬至》(中國時報：36版、1999，12月22日)。

51此二表由中央氣象局澎湖氣候站前主任許天生先生提供。表(三)主要為風向與風速氣候統計表，表四則為一般氣候值統計表。

第三節 產業活動諺語

一、漁業諺語（包含漁業活動與魚的品味）

漁業可以說是澎湖地區最主要的產業活動，因此流傳在民間的諺語也多所記載，充滿了區域的特色。不過就所獲得的資料中可以發現：所謂的「漁諺」，並非單純只記載漁民捕魚的種種，而是包含「潮汐」與「天氣」、「漁業活動」及「魚類的品味時節」……等等，它們所反映的是漁民在船上的討海生活、下船後的買賣、日常生活，及打漁情形所帶來的精神思考、價值判斷模式，茲敘述於下。

（一）漁業活動

（1）三十嘸見子，堅心磨甲死。

sa33 tsap4 bo11 ki~53 kia53 kje33 Ȼim55 bua11 ka53 Ȼi53

由於打漁的生活是很辛苦的，風霜漁民一般退休年齡是四十至五十歲，因此若三十歲仍生不出兒子，就無人繼承家業，那就得有辛苦一輩子到死才能休息的心理準備。

（2）出空犯風東。

ts'ut4 k'aŋ 55 huan11 hoŋ 33 taŋ 55

出空即是出門的意思。犯風東是指颳東風。夏初天氣極好的晚上最容易颳起東風，早期有些出海捕小管的小漁船甚至因此被吹到大陸去，有些人則第一次出海就遇到這種風而無獲而返，所以這些因海上東風而倒楣的人，只能以此諺來自我解嘲。

（3）水濁時月要光，水清時月要暗❺❷。

tsui53 lo24　Ȼi24　guek4 ai53　kəŋ55 tsui53　tȻ'jəŋ55
Ȼi24　guek4 ai53　am11

當海水較混濁時，晚上垂釣月光需明亮才能幫助捕漁人照明，當海水清澈時，月光要越昏暗越好，這樣水中的魚才看不到魚餌上的釣鉤，及水上的釣客來吃餌。

（4）鱉褲腳撂大狗。

pi53　k'o53　k'a55　lia11　tua11　kau53

大狗是一種可食用的小型蟹，生長在潮間帶中下部的珊瑚礁群中，要捉它必須把褲管捲起來，平時朋友們見面，如果對方把褲管捲起，通常會用這句話和他開玩笑。

（5）釣竿甩給遠遠遠，要釣龍尖甲沙燙。

tio53 kua55 sut4 ho33　ŋə24　ŋə11　　ŋə33　bek4 tio53 ljə11
tȻiam55 kak4　sua33 t'əŋ33

· 海邊海釣者

・沙燙

這是釣客們的念頭語，意謂把釣竿甩出去，把釣餌甩得遠遠的，要釣的是龍尖魚和沙梭魚。

（6）釣空空，釣一尾黑尾冬。

tjo53　k'a33　k'a55 tjo53　ʨi11
be24 o33 be24 taŋ 55

釣不到魚只釣到一尾黑尾冬（一種價值不高的魚）。

・黑尾冬

（7）大目著大鯊，細目著海洞蛇。

tua11　bak4　tjo11　tua11　sua55
sue53　bak4　tjo11　hai24　tsua11　k'aŋ
55

・漁網

· 港邊岸上曬漁網

· 鯊魚

· 竹標

　　這是形容一個人捕魚網的技術很差，網洞有大有小，一般而言，每一張網因功能不同（捕大魚或小魚，走遠洋或近海）而有不同的規格，但是同一張網的網洞必須一樣大，補網的人則是用一種名叫竹標的竹製厚片，來控制網洞的大小。

　　（8）征風戰水。

　　tɕiəŋ33 hoŋ55 tɕien53 tsui53

　　這句是形容捕魚的人每天要征服大風，和海水波濤戰鬥。

82

（9）鹹水潑面。

kiam11 tsui53 p'ua53 bi~33

漁民們如果在大風時出海，當船頭衝破浪頭，一定會被海水潑到，不論是駕船者，或捕魚者，皆無暇拭去，故可見其辛勞。

（10）討海嘸三日青。

t'o24 hai53 bo11 sa33 ʑi11 tɕiə ŋ~55

從事捕魚的工作，只要能連續三天都下海工作，與捕魚工作有關的所有事務，就沒有不會做的了。

（11）討海嘸時海。

t'o24 hai53 bo11 ɕi11 hai53

捕魚是沒有固定的時間，出海的魚群是隨海水來去，只有經常努力下海捕魚，才能多有收穫。

（12）一日落雙流，嘸死嘛變老猴。

tɕit2 ʑit4 lo11 ɕia33 lau24 bo11 ɕi53 ma11 pien53 lau11 kau24

雙流是指一天的兩次漲退潮，此句意為一天兩次的漲潮或退潮都下海的話，會體力透支，不是消耗身體健康，就是因過度疲勞而有生命危險，此句在警告捕魚者要珍惜身體健康。

（13）一日嘸說幹，三日嘸討賺。

tɕit2 ʑit4 bo11 ko~24 kan11 sa33 ʑit4 bo11 to24 t'an11

捕魚人生性粗獷，幹字成了他們的口頭禪。討趁就是工作賺錢。此諺意謂討海人只要有一天沒有說幹字，就表示有三天捕不到魚了。

（14）當風戳湧頭，平風困湧溝。

təŋ33 hoŋ 55 tu24 ŋiəŋ 11 t'au24 pjəŋ 11 hoŋ 55 k'un53 ŋjəŋ 24 kau55

駕駛船要頂著浪前進，也就是船行方向與浪推行的方向垂直，否則如果側著風浪行駛，使船行方向和風浪的方向平行，船就很容易被打翻在浪溝裡。

（15）三月二三媽祖生過，在船吃，在船睏。

sa33 gə11 Ẓi11 sa55 ma24 tso24 Ꞓi55 kue11 ti11 tsun24 tꞒiak4 ti11 tsun24 k'un11

· 馬公天后宮

· 天后宮馬祖神像

農曆的三月二十三日是媽祖生日，天氣逐漸穩定好轉，捕魚的人可以放心地在海上多捕幾天的魚，所以說在船上吃，在船上睡。

（16）四月作北登，行船的伊某貼尻川。

Ꞔi53 guek4 tsue53 pak4　tjəŋ55 kia11 tsun24 e11 in33 bo53 tak4 ka33 ts'əŋ55

（一作：四月作北登，船仔網收落大鍋，行船的拍尻川❸）

Ꞔi53 guek4 tsue53 pak4　tjəŋ55 tsui11 ne24 ma33 Ꞔju33 lo24 tua11　kəŋ55 kia11 tsu24　ne11　p'a53 ka33 ts'əŋ55

作北登是白天颳北風，晚上無風的天氣，而此時開花的農作物不結穗，一般是在農曆四月，此時澎湖居民大多不出海，而是實行貨運的生意，他們會把漁業暫停，漁船暫當貨輪用，運送貨物，賺取可觀的運費，而漁民也好，漁民的太太也好，都會因此筆意外之財而高興不已，「貼尻川」是代表高興得意的動作。「大鍋」是一種收藏東西（通常是穀物）的大缸子。作北登時既不捕魚，漁網當然就暫時收藏在大鍋之中。

（17）第一艱苦抓大緄。

te11 it4 kan33 k'o53 lia11 tua11 kun53

大緄是用來延繩釣大型洄游魚類的漁具，相當粗重，而這種延繩釣通常稱為浮緄或是捉大緄。早期設備簡陋，全用人力操作這種粗重的工具，相當累人，再加上浮緄出海一次二十多天，時間長，距岸遠，所以遇天災會躲避不及，時間一到不管有沒有收穫，都得返航，否則水、食物、油都會因不夠而餓死或擱淺，日治時代因漁撈而死亡的漁民，超過數百人，的確是件相當辛苦危險的工作。

（18）搦帆死沒半人❸。

jet2 p'a~24　ɕi55　bo11　pua~53　laŋ　24

警告駕駛船或坐船的人都必須小心的警語。搦帆指改變船帆的方向。

（19）嘸船仔頭甲躩仔的份，就娶嘸某❺。

bo11　tsun11　ne24　t'au24　kak4　ta55　a53　e11　hum33　tio11　ts'ua~11　boll　bo53

船仔頭及躩仔是規模較大較深的石滬，通常是有錢人家或經濟能力較好的漁民擁有，當然漁獲量大，收入也較多，而對漁民而言，也要有這種豐富的收穫所帶來的財富，才娶得起老婆。

（20）一魟、二魢、三沙門、四石祖（一作：邦五：pan33 ŋo53），伴呢仔嘸名，刺到教叫阿娘（一作：哭阿娘k'au53 a33 nia~24）❻。

it4　haŋ　55　Ʒi11　ho53　sa33　sua33　mŋ　24　ɕi53　tɕjo11　tso53　ju~11　e53　e11　bo33　mia~24　tɕi11　tjok2　kjo53　a33　nia24

一作：一魟、二魢、三沙門、四倒吊、五邦五、六象耳❼

it4　haŋ　55　Ʒi11　ho53　sa33　sua33　mŋ　24　ɕi53　to53　tiau11　go11　pan33　ŋo53　lak2　tɕju11　hi33

某些魚類身上的鰭是有毒或尖利且易刺傷人的，如按照排名的話，第一位是魟魚，第二位是魢，第三位是沙門魚，第四位是邦武、或是石祖、或是倒吊，而最後提到的伴呢仔，就是俗稱的象耳魚或臭肚魚，被這些魚刺到會傷口化膿，重者身體麻痺，此諺在提醒捕魚或宰殺魚的人，遇到這些魚要小心一點。

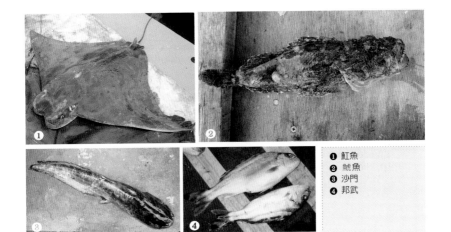

❶ 魟魚
❷ 鯱魚
❸ 沙門
❹ 邦武

（21）船在灣，人在山❺❽。

tsun24 ti11 ua~55 laŋ　24 ti11 sua~55

意謂颱風來時船已經綁好在港口，人也回到陸地上避風，一切都不需要擔心了。或比喻一切事情都已就序，不會有問題，不需再操心。

（22）一垵駛一個大公。

tɕə it2 ua~55 si24　tɕə it11 ge11 tua11 ko~55

所謂的大公就是掌舵的人，或是有經驗、有膽識的船長，所以整個港灣的船，通常會聽從這位有經驗的船長指揮，什麼時候出海、什麼時候歸航。

（23）若要學會曉釣鱠仔，著先學會曉握蝦子。

na11　bek4　o11　e11　hiau4　tjo53　ke24　a53　tjo11　ɕjə　33　o11
e11　hiau24　jə　ŋ　53　he24　a53

・石斑魚（一）【俗稱黑貓仔】　　・石斑魚（二）【又名玳瑁石斑】

　　鱠仔是指石斑魚，蝦子則是石斑最喜歡吃的愛氏槍蝦，要釣石斑之前，要先捕捉這種蝦子當餌，而這種蝦居於海沙地之中，要很有技巧地把它們挖出來才能當餌，所以說要先學好捉牠們，才有辦法釣到石斑魚。

（24）山頂頭家（一作：倚山ua24　sua55頭家）。

sua33 tjəŋ 53 t'au11 ke55

這是指自己有船，但租給別人，不親自捕魚的人。

（25）山頂內麻。

sua33 tjəŋ 53 lai11 ba24

　　內麻是一種大型石斑魚，生性非常兇猛，這裡是用它來暗指那些陸地上的惡船東，專門欺負剝削受雇捕魚的漁民們。

・石斑魚（三）【俗稱內麻】

（26）夏魚膾過午。

ha11 hu24 be11 kue53　ŋ o53

此諺語意謂夏天捕獲的魚因爲天氣炎熱而容易腐敗，必須馬上處理，不可以從早上放到中午而不去處理，否則一定會腐敗。

（27）澳魚嘸澳脯。

au53 hə　24 bo11 au53 po53

稍微發臭的魚只要多用些鹽巴來處理製成的魚乾，就不會有臭味，如果眞的是非常腐敗的魚，就不能做成魚乾了，由此諺我們可以發現，早期漁民節儉及物盡其用的精神。

（28）鯽仔魚釣大魼。

ʨet4 lek4 hə　24 tjo53 tua11 tai33

魼魚指的是鯉魚，用一條小鯽魚去釣一條大鯉魚，是很值得的，即使是海釣時，如果餌用完了，有時也會拿釣到的小魚去釣大魚。此諺語可以引申爲用小籌碼換來的大收益或大賭注。

（29）冬至過，討嘸物配。

ta33 tsue53 kue11 t'o24 bo11 mjəŋ　53 p'e11

冬至過後就捕不到魚當副食配飯。

因爲冬至過後寒流來襲，潮間帶的魚都躲到水深處去過冬，因此下海者捕魚時往往徒勞無功。

（30）親像丁香、鱙仔在落筶。

ʨin33 ʨju~11 tjə~ŋ 33 hiu~55 tsau11 e24 tek4 lo11 ko24

筶是一種口緣用藤、袋子部分用粗麻布做成的圓筒狀漁具，主要是用來裝用丁香魚及鱙仔魚，早期先民在石滬中捕捉丁香魚及鱙仔魚時，因爲魚體積很小，所以要相當小心。觀看這些小魚進入筶中的情況是擁擠而雜遝的，故後來形容人或某一動物群，集體混亂而擁擠地向一目標前進的樣子。

（31）會泅甲會沬，攏唔怕的不別字。

e11 ɕju24 ka53 e11 mi55 lo24 m11 kia~33 ek4 m11 pat4 ʣi33

泅是游泳，沬是潛水。

此句諺語意謂生長在澎湖的人，只要識得水性，即使不識字也能夠生存下去。

（32）海也賺，厝也賺。

hai53 ak2 t'an11 ts'u11 ak2 t'an11

澎湖風櫃地區居民主要的漁業活動是「放緄」，多數有漁船的人家，會把出海捕魚前整理掛勾、緄具的清緄工作，包出去給別里的人做，但是有些人家不但親自捕魚，就連岸上清緄的工作都自己做，所以被人稱爲「海也賺，厝也賺」。

· 丁香魚乾

(二)魚的時節與品味

所謂魚的「品味」，是指在漁民所捕獲的各種魚類中，哪一種肉質最為好吃，每一種好吃的魚，在什麼時候最美味；這除了是人們品嚐魚類主觀喜好之外，更直接影響到魚市場的價格及漁民們的收益。以下是長期以來漁民們對各種魚類的價值判斷。

（1）臭腥鹹，煮鹹菜，燒燒一碗來，冷冷阮不愛。

ts'au53　tɕ'i~33　ɕia~24 tsu24 kiam11 ts'ai11　ɕjo33　ɕjo
55　tɕit2 ua~55 lai24

· 鹹魚

· 梭仔魚

ljə ŋ 55 ljə ŋ 53 gun55 bo11 ai11

鹹是一種腥味很重的魚，放入鹹菜同煮可以去除其腥味，但是要趁熱吃，冷了之後腥味又會出現，口感也不好。

(2) 垵美、梭，免動刀。

an53 mi53 so55 mien24 ta11 to55

垵美是鑽嘴魚，梭是大眼金梭魚，這兩種魚腸子中不會積很多排洩物，要處理它來食用時，不必花很多功夫。

（3）粗魚幼鰓。

ts'o33 hu24 ju53 tɕ'i53

外型粗大的魚，通常它的鰓都鮮嫩可口，如：加誌魚。

（4）水尖、定鱗肉。

tsui24 tɕiam55 tiəŋ11 lan33 bak2

定鱗又名銀漢魚，它和水尖魚肉質的口感都一樣，但前者因產
量多而價低，後者因產量少而價高。

·定鱗

（5）鮥輪好吃，吃嘸裑。

la33 lun55 ho24 tɕiak4 tɕia11 bo11 ts'un55

（一作：鮥輪好吃，唔分孫【m11 bun33 sun55】。）

「鮥輪」是一種肉質柔嫩的魚。第一種說法是表示只要烹煮這種
魚，每次都會被吃個精光；第二種說法則是說明它好吃到讓人想獨佔

而食。民間亦盛傳這種魚是吉祥之魚，捕獲它是一種好兆頭，會帶來好運。

・鱸鱗

（6）見頭三分補（一作：參so55）。

kin53 t'au24 sa33 hun33 po53

吃魚頭的滋補功效大約是人參的三分，生長在漁村的人，吃魚就要吃魚頭，因爲此處爲全身上下最嫩、最甘甜的地方，漁村中盛傳吃魚頭最補，能讓人變聰明。

（7）歹歹魚一步鮮❺⁹。

bai24 bai24 hu24 tɕit2 po11 tɕi~55

意謂再怎樣低價的魚，只要新鮮就會美味好吃。

（8）硓頭鸚哥鼻。

・硓魚

lau24 t'au24 ŋjəŋ 33 ko33 p'i~33

石硓是一種鯛魚類，其頭部味鮮美，常被拿來煮湯。鸚哥鼻是指隆頭鸚哥魚，魚頭上一塊隆起軟而富有彈性的肉瘤，一樣軟嫩美味。這句諺語說明了這兩種魚身上最可口的部分。

（9）槺槺粽粽。

kju11 kju24 tsa~53 tsa~11

　　這句諺語是說明硓𥑮頭和鸚哥鼻吃起來的口感，像鹼粽一樣軟且富有彈性。

（10）青魚煮麵線，吃飽倒呢爛。

ʨ'in33　hu24　tsu24　mi~11　sua11　　ʨia11　pa53　to24　lam11　nua33

　　新鮮的魚煮麵線是一道美味又營養的佳餚，吃完之後躺著睡覺，更是人生一大享受。這可以引申為安定又不用奔波的生活，是人人嚮往而令人羨慕的。

·曬麵線

·製作手工麵線（一）

·製作手工麵線（二）

· 麵線成品

（11）正蟳二蟹。

ʨ ia~53 ʨ im24 ʑ i11 ʨ i53

農曆正月的紅蟳，和二月份的螃蟹是最肥美的。

（12）正月查某，二月簡古。

ʨ ia33 gɯ11 tsa33 bo53 ʑ i11 gɯ11 ka ŋ ~24 ko53

農曆正月的女子因為正逢過年，所以會打扮得特別美麗。二月份則因烏賊要排卵，要誘捕牠們最容易。

（13）四月（一作：五月go11 gue11）鰹，免下油煎。

ʨ i53 gue11 jen55 m11 mien24 lo11 ju24 ʨ jen55

· 鰹魚（炸彈魚）

· 海臭蟲（旭蟹）

· 簡古（又名：花枝、烏賊）

這是說農曆五月份的炸彈魚（又稱鰹魚）非常肥美，即使要煎來吃，不必下油，就能煎得很美味！

（14）六月蟹，瘦甲豬母吗喋。

lak2 gue11 　tɕ̣it4 san24 ka53 tə33 bo53 mll ti3

農曆六月的螃蟹是最瘦的，瘦到連一向不挑食的豬母也不願意吃。

（15）大烏，八月十五出河。

tua11 o55 bue53 gue11 tsap2 go33 tsut4 ho24

大烏指烏魚，傳說烏魚是大陸河內的魚，中秋以後烏魚苗便會出海，游向澎湖海域，到了冬至時，烏魚特別肥美，就可以捕撈。

（16）十月拼烏埕。

tsap2 gɯk4 pia53 o33 t'ia24

農曆十月十日是水仙王的生日，過了這一天天氣就會轉冷，平常在淺海岩礁區出沒的魚類，很多會躲回深海去，因此潮間帶魚類類

·烏魚

·烏魚子

別減少，這種情形即叫「拼烏埕」；此時沿岸的魚類以象耳魚、白毛、黑毛為多。

（17）冬至烏，卡肥豬腳箍。

taŋ33 tsue53 o55 k'ak4 pui11 tu33 k'a33 k'o55

烏魚每年冬至前後開始在台灣海域洄游，此時也是牠們一年中最肥美的時刻，漁民皆出海撈捕。

（18）十二月鰔，卡肥龍。

tsap2 Zi11 gue11 Cjə24 kak4 pui11 ləŋ24

鰔就是海鯰魚，農曆十二月份的海鯰魚非常肥美，甚至比蛇肉更肥美。

由第十一則諺語至第十八則諺語可以發現，每一個月主要的魚產都不一樣，一年十二個月重點的漁獲也不一定，可以列表如下：

接下來介紹一年四季高經濟價值的魚類排行狀況。

月份	漁產種類與名稱	月份	漁產種類與名稱
一月	蟳與冬季魚類	七月	龍尖、青嘴、石斑、家吉以及鯖魚類為夏季較肥的魚類
二月	蟹、簡古		
三月	春季魚類如:鮸	八月	秋蟹
四月	炸彈魚	九月	從缺
五月	炸彈魚	十月	象耳魚、白毛、黑毛
六月	蟹類最瘦；龍尖、青嘴、石斑、家吉以及鯖魚類為夏季較肥的魚類	十一月	烏魚
		十二月	鹹魚與冬季魚類

（19）鹹鯧臭鱠。

kiam11　tɕ'ju~55　ts'　au53　ke53

此句是說用鹽所醃製的鯧魚乾及石斑魚膾，是美味的東西。

（20）上魚馴、鯧。

ɕjo11　hu24　ma~24　ka55　tɕ'ju~55

馴魚就是白腹鯧的幼魚，又稱白腹仔囝，鯧則是指烏鯧，這兩種魚類都屬於上等魚。

（21）春鮸，冬加鈉。

tsun33　mien53　ta33　ka33　lak4

春天的鮸魚和夏天的加納魚是最肥美的。

（22）一鮸、二加鈉、三鯧、四馴。

tɕit2 mien53　ʑi11 ka33 lak4　sa~33　tɕ'ju~55　ɕi53 ma24 ka55

這是春季四種經濟價值較高的魚類排名。

（23）一魠魠、二白腹仔、三加魶、四大耳、五鮸魚**❻**。

ʨit2 t'o2 t'o2 ʑi11 pe11 pak4 e11 sa~33 ka33 lak4 ɕi53 tua11 hi33 go11 mien24 hu24

這是冬季五種經濟價值較高的魚類排名。

（24）一鮕、二紡鯊、三鯧、四馴、五鮸、六加納。

ʨit2 ŋo24 ʑi11 p'a24 sua55 sa~33 ʨ'ju~55 ɕi53 ma24 ka55 go11 mien53 lak2 ka33 lak4

這是冬季六種經濟價值較高的魚類排名，是由低排向高的。

（25）一石班、二龍尖、三青嘴、四家吉**❼**。

ʨit2 ke53 e11 ʑi11 ljə11 ʨiam55 sa~33 ʨ'i~33 tsui11 ɕi53 ke33 ʨi24

這是夏季四種經濟價值較高的魚類排名。

① 馬加（白腹仔幼魚）
② 烏鯧
③ 鮸魚
④ 加納魚
⑤ 魠魠魚

⑥ 大耳
⑦ 白腹仔
⑧ 龍尖
⑨ 青嘴
⑩ 家吉

由第十九則諺語至第二十五則諺語，我們可以爲四季的高級魚類作一個排名，列表如下：

排行 季節		1	2	3	4	5	6
春		鮸	加納	鯧	馴		
夏		石斑	龍尖	青嘴	家吉		
秋		石斑	龍尖	青嘴	家吉		
冬	說法一	土魠	白腹仔	加納	大耳	鮸魚	
	說法二	加納	鮸魚	馴	鯧魚	紡鯊	鰡

以上兩個表格可說爲澎湖的漁業建立了漁產月曆，凡是鯛魚類，如：加納、家吉、龍尖、……等及石斑魚類，均隸屬高級魚類；但是近年來由於大陸滾輪式拖網漁船，大量越過海峽中線捕魚，破壞了沿海珊瑚礁群，致使高級魚類不再洄游，野生的鯛魚類及石斑魚類產量銳減，只能靠養殖來維持高級魚類的供應。其次，這份月曆亦適用於台灣西部沿海的各大漁場，因爲台灣海峽的捕魚區：北起釣魚臺海域，南至巴士海峽，各季各月的重要漁產大同小異，和澎湖地區並無不同；各地漁民互有往來，哪兒有魚汛皆前往捕撈，不同的只有兩點：一、九月份台灣南部沿海捕撈白刀魚，而澎湖本地此魚經濟價值不高，故並不大量捕撈；二、每年冬天的烏魚洄游，因西北季風的關係，故魚群多洄游於迎風的台灣西岸（新竹縣尾端至安平港），但是澎湖較靠魚

· 白刀魚

汛區的海域水淺（如：龍門、隘門、菓葉一帶），洄游不易，海岸線亦背風，故烏魚汛對澎湖漁民而言助益不大。倒是澎湖海域各季魚類和台灣「東部海岸」差異性較大：冬季蘇澳沿海以鯖魚類為最大的洄游魚類，而在澎湖鯖魚汛是在夏天；東部沿海冬季亦盛產鯊魚與旗魚類，但是澎湖地區並未有相同魚類來此洄游，所以產量很少；由此可見台灣東、西岸的漁產是有差異性的。❻

有高經濟價值的魚，當然也有較為低賤、不美味的魚。

（26）貪俗買狗鯊。

t'am33　ȵjok4　mue24　kau24　sua55

為了貪小便宜，結果買到難吃的狗鯊魚。狗鯊魚是一種低級的食用魚，肉少味道又差，漁民抓到牠不是當場丟棄，就是把牠賤價出售，所以有些貪小便宜的人買到牠，往往發現很難吃後，才後悔自己因小失大。

（27）一斤樣呃仔四兩肚。

tȵit2　kun33　ju11　e24　a53　　ȵi53　lju24　to33

象耳魚因為啃食海藻維生，所以牠的腸子又粗又重，約佔全身體重的四分之一。

（28）海底嘸魚，九萬仔為王。

hai24　te53　bo11　hu24　kau24　ban11　ui11　o24

一作：海底嘸魚第一蔥。

hai24　te53　bo11　hu24　te11　it4　tsa55

　　「九萬仔」是一種生長在潮間帶且數量很多的小魚；「蔥」則是指刺蔥魚，它的身上布滿刺鱗，根本難以入口。當海裡捕不到什麼魚時，這兩種平時沒有什麼經濟價值的小魚，就變得很值錢了。此諺亦意同於「山中無老虎，猴子稱大王」。

（29）刣額、刣額，有刣無吃。

t'ai11　giak4　t'ai11　giak4　u11　t'ai24　bo11　tɕiak4

　　刣額是一種體大而肉少的石首魚類，因肉少因此說有處理卻吃不到多少肉❻❸。

（30）Q皮夯鼎蓋。

kju11　pe24　ha33　tia24　kua11

　　較瘦或較老的魚，煮熟之後魚皮會捲翹起來，好像有把鍋蓋撐起來的氣勢。

　　從漁業諺語當中，我們體會到漁業是一種非常辛苦且充滿高風險的產業，漁民在從事漁業活動時，往往是拿自己的生命做賭注。此外，漁民的性情也相當直接純樸，他們是最能反映常民文化的一群。就實際的觀點來看，漁民生活的好壞，完全取決於他們漁獲的數量和種類，因此魚類經濟價值的分析，也在漁業諺語中佔有非常重要的地位。漁業諺語鮮明反映漁民們的精神與物質生活，和澎湖漁業的狀況及問題。

二、農業諺語

澎湖雖然是一個四面環海的縣，主要產業是「漁撈業」；但是居民大多勤奮，因此儘管土地貧瘠，氣候乾燥惡劣，當地居民（尤其是婦女），仍利用有雨水的季節搶種雜糧，如：花生、地瓜、玉米……等等，並在自家的田地中（俗稱菜宅），種植一些易栽培的瓜果、蔬菜，以供日常食用。從農業諺語中，我們可以一窺澎湖群島的農業面貌及面臨的相關問題。

❶ 白沙鄉瓜田
❷ 哈密瓜
❸ 澎湖加寶瓜
❹ 紅龍西瓜
❺ 楊梅

·花嶼特有大棵種芥菜

·澎湖茼蒿

（1）百般工藝，呣值得鋤頭落地。

pa53 pua~55 ko11 ge33 m11 tat2 tek4 tu11 t'au24 lo11 te33

意指從事任何工作，都比不上農業實在，很符合早期重農的精神。

（2）三月初三挽草報。

sa~33 ge11 ts'ue33 sa~55 bam55 ts'au55 po11

澎湖地區在過年後就開始播種，到農曆三月初三左右，則進入農耕除草活動的時間，此時農作物及土中的草籽都已發出芽來，故需除草。

（3）六月蕹，卡毒得飯匙倩。

lak2 gue11 ŋiŋ 11 k'ak4 tok4 e24 bəŋ11 ɕi33 tɕ'iŋ 11

蕹菜就是俗稱的空心菜，此句意指六月份所種出來的空心菜，比毒蛇的性質更毒。但此處的毒指的是中醫所說的性較冷，而非一般中毒所說的毒。

·蕹菜（俗稱空心菜）

·蕃薯簽（地瓜刨絲後曬乾的加工品）

（4）蕃薯出，定鱗肥。

han33 tsu24 ts'ut2　tiə ŋ　11 lan24 pui24

農曆六、七月份，田裡的蕃薯長大了，開始可以食用了，而海裡的銀漢魚也開始肥了。

（5）七月半，上山看。

ʨ'it4 gue11 pua~11 ʨ ju11 sua~55 k'ua~11

農曆七月份是農產收穫最豐的時候，只要由海上上了陸地，就一定有得吃。

（6）九月做九降，蕃薯就發烘。

kau53　gɯk2　tsue53 kau24 ka~11 han33 tsu24 tjo11 huat4 ha~11

發烘指地瓜成熟而裂開。農曆九月地瓜成熟，農民興奮有地瓜可以吃。

（7）上山種蕃薯，落海抓大魚❻。

tɕju11 sua55 tɕjə ŋ 53 han33 tsu24 lo11 hai53 lia11 tua11 hu24

此諺是在敘述澎湖最重要的兩項產業活動，一是捕魚，一是種雜糧。澎湖由於雨水極少，天氣乾旱，所以陸地上只能種雜糧，如：地瓜及花生，到了海上則是捕魚，可愛的是他們時時期待豐收，故強調是抓「大」魚。

（8）上山看天時，入門看人意。

tɕju~11 sua~55 k'ua~53 t'ien33 ɕi24 ʑip2 mŋ ~24 k'ua~53 laŋ 11 i11

上山指在陸地上。前半句言在陸地上耕作要看天氣的狀況，而定後半句言踏進去別人家中，要先觀察一下主人的心情，才能決定做什麼事，說什麼話。

筆者所蒐集的農業諺語雖然不如漁業諺語多，但它們所反映出來的現象卻相當豐富。首先我們發現澎湖最重要的農作物是「蕃薯」，當然早期居民的主食也應當是蕃薯。其次，每年農耕期是由農曆三月開始，收穫期則爲農曆七至九月。冬季是完全無法耕作，因爲強烈的東北季風不但使氣溫降低，也帶來使植物枯萎死亡的「鹹水煙」。東北季風可說是澎湖農民心中永遠的痛，也因爲東北季風，我們發現氣候對於農業發展的影響更甚於漁業。就大環境而言，澎湖地區眞的不適合發展農業，在此地的農業生產只能被視爲「副業」而已。

三、其他產業（含士、工、商……等其他產業）諺語

一個地區一定存在各式各樣的行業，提供基本生活的不同需要，人民的生活才能正常運轉。早期的澎湖，除了比例最高的「漁民」及「農民」之外，還有各種不同職業領域的人，每天都為了討生活而努力。

(1) 靠山吃山，靠海吃海 **❻** 。

k'o53 sua~55　tɕia11 sua~55 k'o53 hai53　tɕia11 hai53

比喻一個地方的產業及居民討生活的方式，一定會受到自然地理環境的影響，對澎湖而言，居民一定是靠海為生。

(2) 江湖一點訣，說破唔值半角。

kaŋ　33 o24　tɕit2 tiam24 kuat2 koŋ　24 p'ua11 bo11 tat2 pua~53 kak2

意指各行各業的秘訣不能輕易讓他人知道，以保持其價值。中國人傳藝皆有留一手的習慣，就是這個原因。

(3) 初一坐船，十五才到（諧音：十五隻猴）**❻** 。

ts'ue33 it2 tse11 tsun24 tsap2 go33　tɕiak4 kau11

古時行船速度很慢，從澎坐船到大陸唐山要花半個多月，所以說初一出發，十五才到。後來因此諺的後半可諧音為：十五隻猴，故用來取笑別人慢吞吞，是初一坐船的十五隻猴。

(4) 行船走馬三分命。

kjia11 tsun24 tsau24 be53 sa33 hun33 mia33

．海釣船

．馬公到望安之七美交通船：恆安輪

．馬公到虎井、桶盤、望安交通遊艇：大中華號

行船和走馬都是相當危險的工作，十分命只剩下三分命，是許多人不願意從事的工作。對澎湖人而言，一生的工作都在海上完成，當然也只有只剩三分命的感慨。

(5) 駛（一作:行kia~11）船嘸等爸。

sai24 tsun24 bo11 tan24 pe33

舊時的船不進步，全靠潮溼汐來決定開船的時間，故開船一定要準時，即使顧客是船主人自己的親友，也不能遲到。

(6) 栽花、飼鳥，傢伙了❻。

tsai33 hue55 tɕ'i11 tɕiau53 ke33 hue53 liau53

舊時也只有富有人家的紈褲子弟，才會一天到晚無所事事，以栽花養鳥爲樂。

此諺乃告誡世人，不要從事養鳥、種花這類的工作，因爲這些事只會消耗金錢家產。傢伙是指家產。

(7) 戲豬、師公狗、噴吹嗚嗚吼。

hi53 tu55 sai33 ko33 kau53 p'un53 tsue55 o~11 o~11 hau53

這是用一句諺語來形容三種職業的人。

第一種是早期唱野台戲的人，他們往往唱完戲累了，席地而睡，男女混雜，就像豬一樣；第二種是道士，他們做完法事由主事者供養，吃什麼、在那裡休息都無選擇，就像狗一樣；第三種是吹鼓吹的人，一吹起來嗚嗚叫，聲音很大。此三句對這三種職業有明顯的輕賤之意，早期都是家中窮困者，才會從事這三種行業，容易被人看不起。

111

(8) 師公頓桌，嚇鬼驚。

sai33 koŋ 55 tun53 tok2 he53 kui53 kia~55

澎湖的師公就是道士，他們在一般人的心中是具有法力的，可近神與鬼；當他們拍桌作法時，必定會嚇到鬼魅。但是這句話其實有消遣人的意思，指在上位的只能拍拍桌嚇人而已，其實沒有什麼領導與做事的能力，根本不足以服眾。

(9) 十一月師公，十二月裁縫[68]。

tsap2 it4 gue11 sai33 koŋ 55 tsa11 Ȝi11 gue11 ts'ai33 ho~24

師公即是道士，此句意謂每年的十一月份，道士最忙碌，十二月份則是裁縫師的生意最好，因為每年到了十一月份，很多廟宇都會建醮謝神，因此道士都到廟宇去頌經作法，為百姓祈求平安，十二月裁縫師生意會好，是因為早年大家生活都過得不好，到了冬天時，衣服大多破舊，無法禦寒，故需請裁縫師加以修補，此外新年將近，有錢的人也會請裁縫師製作新衣，此時是裁縫師生意最好的時候。

(10) 作官清廉，吃飯攪鹽[69]。

tsue53 kua~55 tɕiəŋ33 liam24 tɕia11 pəŋ33 kiau24 iam24

清官無所求，亦無橫財可發，故生活必須儉樸節約。

(11) 狗母呣通去釣，去趴師營捧銀票。

kau24 bo53 m11 k'u53 tjo11 kut4 p'ak4 su33 ia~24 p'a11 gun11 p'jo11

這是勸人棄農就軍職的話，軍旅生活雖有危險，但是收入穩定，而漁業生涯收入時好時壞，且充滿危險。

· 狗母魚

（12）工字嘸出頭。

ka55　 Zͤi11　bo11　ts'ut4　t'au24

工字與士字的差在於工字的頭沒有伸出去。自古以來，士的社
會地位最高，代表出頭天；而工的地位則最低。

（13）做工望下雨，乞丐望普度。

tsue53　ka55　ba~11　lo11　ho33　kjə k4　 tɕiak4　ba~11　p'o24　to33

意謂各行各業都有他們希求的地方。例如：從前長工都希望下
雨天快來到，這樣就可以理所當然的休息；當乞丐的最希望有廟會普
渡，這樣才能乞討到很多食物。

（14）買賣算分，相請嘸論。

me55　me11　s ə 53　hun33　 ɕjo33　tɕ 'ia~53　bo33　1un33

指作生意的原則，再怎麼熟的人也要明算帳。

（15）醫生驚治嗽，總舖驚吃畫，做土水的（一作：起厝師父k'
i24 ts'u11 sai33 hu33）驚抓漏。

i33　Ȼjəŋ　55 kja33 ti11 sau11 tso55 p'ok2 kja33 tȻja11
tau11 tsu53 t'o11 tsu3 ek2 kja33 lia11 lau33

指各行各業都有害怕遇到的情況。醫生怕治咳嗽，因爲不容易
痊癒；辦桌外燴的怕做中午宴席，因爲時間上太趕了；做水泥工的則
怕檢查房屋漏水，因爲不管怎樣，也無法保證房子完全不漏水。

（16）賣藥積賣德。

bue11 jok4　tȻjə　k4 bue11 tjək2

賣藥的不能賣假藥，因爲他們所積的就是以藥救人的陰德。

（17）頂四館相疼，下四館相拼。

tjə24　Ȼi53 kuan53　Ȼjo33 t'ia11 e11　Ȼi53 kuan53　Ȼ
jo33 pia11

上四館是指學吹、彈、奏、唱的南管館音樂，當學習有了困
難，前輩會加以幫忙、指點。下四館是指刀、劍、拳、棍四種功夫。
如果學習要進步，就要不斷比試，稱爲「相拼」。所謂的一館是說把
一年分爲四期，以一期（三個月）學一種技藝叫一館。

（18）燒瓷吃缺，織蓆睏椅。

Ȼjo24 hui24　tȻia11 kit2　tȻjək4　tȻ'jok4 kun53 i53

燒瓷器的人將燒失敗有缺口的器皿留下自己用，好的拿去賣

錢；織草蓆的人捨不得睡在要拿來賣錢的蓆子上，而改睡椅子上。這句諺語是反映各行各業的人，對於能謀生的東西的珍惜，以及他們勤奮工作的精神。

澎湖的生活環境雖然單純，但是其產業型態也因應人的生活方式，而有多樣化的面貌，只是工、商業很難發達，消費市場也不大，這與島多、人少、居民普遍貧窮有關。而且在保守的民風之下，普遍存在「職業歧視」的觀念，仍維持對士人、農民、漁民的推崇，對工人、道士、戲子的輕蔑之傳統看法，這是長期累積下來的歷史共識。

諺 語 出 處

㊼此諺來自陳秀娟：《澎湖望安島與將軍澳嶼維生方式的變遷》（臺灣師範大學：地理學系，碩士論文，1997，6月），頁110。

㊽此諺來自蕭清溝先生（馬公市西衛里人年80海軍少校退役近兩年已移居高雄）採集日期：19988月與19992月

㊾此諺來自白沙鄉鄉土教材：張新芳編：《吾愛吾鄉》，初版，（臺灣屏東：安可出公司，1996，6月10日），頁55至56。

㊿此諺來自吉貝鄉土教材：楊清熊等六人編：《北海之珠：吉貝》，初版，（澎湖縣吉貝國小：1997，6月），頁35至36。

㊋此諺來自不知名市場漁販，採集日期：1999，2月。

㊌此諺來自澎湖水族館展示區說明，採集時間：2000、2月27日。

㊍此諺來自高彩勤女士（年48），蔡朝騰先生（年50），（馬公人未曾離開過澎湖）採集日期：1999，5月。

㊎此諺來自張德正（年40，原籍澎湖馬公市前寮里，移居台南十八年）採集日期：1997，10月。

㊏此諺來自前澎湖漁市場主任陳守遵先生的規納與解釋。

㊐此諺來自筆者親友及魚市場小販們看法的歸納。

㊑以上說明來自現任魚市場主任：徐朗先生（年62歲，馬公市光榮里火燒坪人，澎湖水產職業學校畢業，畢業至今皆在澎湖區漁會服務）。

㊒但民間工作者洪敏聰先生以爲事實未必如此，只要魚肥則肉豐，魚瘦則肉少。

㊓此諺來自此諺來自顏進興先生(馬公人52歲出生至今皆居於澎湖)採集時間19975月中旬

㊔此諺來自蔡明來老師(馬公市案山里人，64歲，一直居於澎湖至今，中正國中教師)採集時間：1997，7月。

㊕此諺來自鐘石棟先生（七美人，年68歲，至今仍居於七美，曾任兩任村長，現爲七美嶼黃德宮董事）採集日期：1997，10月。

㊖此諺來自不知名市場漁販，採集日期：1999，2月。

㊗此諺來自尚慈《十一月師公十二月裁縫》（澎湖時報：8版、1998，10月6日）。

㊘此諺來自涂秋香：《母語教學活動設計單元及參考資料》（澎湖縣馬公市中正國小編：八十七學年度國民中小學教師鄉土教育母語教材教法研習手冊，澎湖縣政府出版，19994月）頁54。

第四節 生活狀態諺語

一、現實描寫

我們都知道諺語的功用之一就是反映現實的生活與環境,民眾藉著這種短小形式的語句,將他們生活的點滴記錄下來。就澎湖地區而言,我們藉由這些諺語發現早期了生活的窮困與窘境,更從其中發現他們對於無虞生活的種種渴望;此外,我們也發現他們對於現實生活中負面性人物的諷刺與不滿,以及對於家庭價值、家人情感的強調與重視;我們藉由諺語得以窺視前人生活的種種,對於他們所建立的歷史,有了更深層的了解。

(一)表達不滿

(1)牽龜落甕。

k'an33 ku55 lo11 aŋ11

意指設計將人引進死路之中。

(2)字深人裝屎。

ʑi55 ʨim55 laŋ24 te11 sai53

此諺描寫那些念了很多書,卻總是死腦筋的人。

(3)三鋤頭、兩畚箕。

sa33 ti11 t'au24 ləŋ11 pun53 ki55

比喻一個人做事很快,但是因為很馬虎而效果有限。

(4) 人掠、厝拆、雞仔、鳥仔踏死甲嘸半隻。

laŋ 24 liak4 ts'u11 t'iak2 ke33 a53 tɕiau55 a53 ta33 si55 kak4 bo33 pua~53 tɕ iak2

比喻徹底破壞到無以復加，不留餘地。

(5) 好吃渥綽吃。

ho24 tɕiak4 ok4 ts'ok4 tɕiak4

意謂一般人對於好吃的東西，或是自己喜歡吃的東西，往往會因喜愛而吃過量。

(6) 壞瓜行結子，壞人行言語❼。

p'ai24 kue55 gau11 kjet4 tɕi53 p'ai24 laŋ 24 kau11 gje11 gi53

品質不好的瓜，子自然就多；品性不好的人，話自然就多。

(7) 歹船堵著好港路。

p'ai24 tsun24 tu24 tjo11 ho24 ka~24 lo33

意謂破船卻遇到好走的水道。此諺是暗指人遇到了好運。

(8) 水會淹會苦，山會崩會倒❼。

tsui53 e11 im55 e11 ko53 sua~55 e11 pa 55 e11 to53

比喻人生都有起有落，人要做好事，否則再好的背景也無法庇佑你。

(9) 十嘴九尻川。

tsap2 ts'ui11 kau24 k'a~33 ts'ə ŋ'55

喻一群人七嘴八舌，卻得不到一個結果。

（10）是山雞，毋是海鴨。

Ȼi11 sua33 ke55 mll Ȼi11 hai24 ak2

字面上是指是山野的雞，不是長在海邊的鴨子，用來指一個不識水性，未曾接觸大海的人，不懂得和海有關的事物。

（11）人食嘴水，魚食流水。

laŋ 24 tȼia11 ts'ui53 tsu53 hu24 tȼia11 lau11 tsu53

比喻大地萬物各有其生存方式。

（12）山頂親家、海口親姆、草地親戚、呷飽就起行！

sua~33 tjəŋ53 tȼ'in33 ke55 hai24 k'au53 tȼ'i~33 m53
tsua24 tell tȼin~33 tȼia 24 tȼ ia11 pa53 tjo11 k'i24 kia~24

意謂不管居住在何地的人，都是吃飽就工作，一點兒也不能懈怠。

（13）囝仔人尻川三斗火。

gi11 ne24 laŋ 24 k'a33 ts'əŋ 55 sa33 tau24 hue53

這是形容小孩子不怕冷。

（14）老骨硬空空，老皮膾過風。

lau11 kut2 tjəŋ11 k'o ŋ33 k'oŋ55 lau11 p'e24 be11 kue53 hoŋ55

形容一個人老當益壯。

（15）嘸煩嘸惱，一仙吃呷那阿不倒。

bo11 huan11 bo11 lo53 tȼit2 Ȼjen55 tȼia11 kak4 na24
a33 put4 to53

意謂一個人沒有什麼煩惱，養得白白胖胖的，就像一尊不倒翁一樣。「阿不倒」是民間用臺語從日語的不倒翁翻譯過來的。

（二）貧富差異

（1）金棺材，銀蓋蓋❼。

kim33 kua~33 ts'a24 gun11 k'am53 kua11

指有錢人家的金銀財富極多，多到死時能用金銀來鑄造棺材。

（2）有錢說話會彈。

u11 ʨi24 ko24 ue33 e11 tan24

比喻有錢的人說話就比較大聲。

（3）錢有唔驚世事，錢了人那卵鳥。

ʨ~i24 u33 m11 kia33 se53 su33 ʨi~24 liau53 laŋ24 na24 lan11 ʨjau53

比喻有錢什麼事都不怕，但是沒有錢人就沒價值了。

（4）醜查某愛照鏡，嘸錢人愛算命。

bai24 tsa33 bo53 ai53 tʨjo53 kia11 bo11 tʨi~11 laŋ24 ai53 səŋ53 mia33

指那些不切實際、不認命、愛幻想的人。

（5）青吃都嘸夠，擱有通曝乾？

tʨi~33 tʨiak4 to33 bo11 kau11 kok4 u11 t'aŋ33 p'ak2 kua~55

·臭肉魚乾

·小卷片

　　新鮮的魚都不夠吃了，那有多的魚可以晒成魚乾呢？比喻東西自足都有問題，哪有餘力去幫助別人呢？

　　(6) 飲獪死，脹獪肥。

　　jau33 be11 ɕi53 tju53 be11 pui24

　　意指家境勉強可以維持生活，不會有多餘的積蓄，也不致於窮到餓肚子。

　　(7) 交官窮，交鬼散，交好額儂做伊嫺奴才。

　　ka33 kua33 kjə ŋ24 kau33 kui53 san53 kau33 ho24 gia11 laŋ24 tsue53 i33 ge11 lo11 tsai11 kan53

　　意謂結交官員，家必貧；中國古有十貧，結交顯貴一大貧。結交鬼魅傷身，故易瘦弱。結交有錢人則為其所驅使，故言當他的奴才。

　　(8) 嘸錢啊想要摸粿墪？

　　bo11 tɕi~24 a11 ɕju~11 bek4 mo33 kue24 ki~24

· 盛興餅舖珍藏之百年粿模（一）　· 盛興餅舖珍藏之百年粿模（二）　· 盛興餅舖珍藏之百年粿模（三）

一作：嘸錢啊敢吃人的大碗粿？

bo11　tɕi~24　a11　ka24　tɕia11 laŋ　11　e11　tua11　ua~24　kue53

這是叫人要認清事實，沒錢就什麼也別想。

· 盛興餅舖珍藏之百年粿模（四）

（9）過年卡緊，過日卡襖。

kue53　ni24　k`ak4　ki~53　kue53　ʑit4　k`ak4　o11

過年是很快、很短暫的，但是過日子卻很漫長。

（10）頂刣、下刣，穿到作媽。

tjə ŋ24　tsan55　e11　tsan55　tɕ`jə ŋ　11　kau53　tsue53　ma55

刣是截取的意思。此諺是說把破舊的衣服好的部分截取下來，拼拼湊湊又成一件新衣，用這種方式衣褲就可以穿到做祖母也不用買新的；反映出早期人們生活的節儉。

（11）有燒酒喝，也穿破裘；嘸燒酒喝，也穿破裘。

u11　ʨjo33　　ʨju53　lim55　a11　ʨ'jəŋ　11　p'ua53　hju24
bo11　ʨjo33　ʨju53　lim55　a11　ʨ'jəŋ　11　p'ua53　hju24

意指省不到那裡去。從前由於生活經濟較不好，所以家中開銷大的或是開銷小的人，都不敢隨便添購新衣，節儉也罷，不節儉也好，每年都穿著同一件破大衣，故經濟上都相當窘困。

（12）算命若有靈，世上嘸窮人。

səŋ53　mia33　na11　u11　ləŋ24　se53　ʨjo33　bo11　san53　laŋ24

教喻所謂命運相術之言不可盡信。

（13）五角半籔米，餓人才要死。

go11　kak2　pua~53　la24　bi53　go11　laŋ24　ʨiak4　bek4　ʨi53

五角半籔米指的是穀物作物未熟的時候，此時作物不能收成，只能以野草野菜充饑。因此餓得不得了或餓死人時，居民便會埋怨地念此諺。

（14）有錢吃鮸，嘸錢免吃。

u11　ʨi~24　ʨia11　mje53　bo11　ʨi~24　mje24　ʨiak4

鮸魚是在冬、秋、春較爲肥美而高價的魚類，在漁業較不進步的時代中，只有在冬季或春季，以延繩釣方式才捕獲鮸魚這種高經濟價值的魚類。因此只有有錢人家才吃得起這種魚類，窮人家是吃不到的。

（15）破蓆、蓋豬屎。

p'ua53 tɕ'jok4 k'am53 tu33 sai53

意指即使是破爛東西也有它的用處。

（16）富，富千金；窮，窮寸鐵❼。

hu11 hu53 tɕ'jem33 kim55 san11 san53 ts'un53 ti'k2

此諺用來比喻貧富差距甚大，富裕的人可以有千萬財富，但貧窮的人卻只有寸鐵之財。

（三）家庭倫理

（1）父母疼細子，公媽疼大孫❼。

pe11 bu53 t'ia~53 sue53 kia~53 koŋ33 ma53 t'ia53 tua11 sun55

意謂父母最寵愛最小的兒子，爺爺、奶奶則會寵愛最大的孫子。

（2）爸老、子幼、仙祖嘸救。

pe33 lau33 kia53 ju11 ɕje33 tso53 bo11 kju11

依謂父親年紀很大，兒子年紀則很幼小，這種家庭情況是很遭糟糕的，就算是神仙也救不了。這是在勸人年老勿風流，以免產生問題家庭。

（3）姑疼孫（或作:姪），共一姓。

ko55 t'ia53 sun55 ka11 tɕit22 ɕi11

姑媽疼姪子是因為擁有相同的姓氏，血濃於水的關係。

（4）一子唔是子，兩子是半子，三子才是子。**⑰**

tɕit2 kia~53 m11 ɕi11 kia~53 ləŋ11 kia~53 ɕi11 pua~53 kia~53 sa33 kia~53 tɕiak4 ɕi11 kia~53

此諺是描寫漁村中因為捕魚工作風險大，男性死亡率高，故對一個家庭而言，生一個兒子不算真正有兒子，生兩個兒子也只能當擁有半個兒子，生三個兒子才算真正有了一個兒子。在兒子出海易因意外而死亡的情況之下，兒子生得越少，就越會失去子嗣和生活的依靠，也間接地造成重男輕女觀念的形成。

（5）捌禮嘸子婿通作**⑱**！

pat4 le53 bo11 kia24 sai11 t'aŋ33 tsue11

正常的情況下，人的一生作女婿只有一次機會，所以對於做女婿的禮數應不是太懂才對；懂得禮數的，就代表已經當過了女婿已經成婚了。此諺可以引申為某些事情一生就只有做一次的機會，過了這個機會就不可能再有第二次了。

從這類諺語中可以發現：先民在訴說生活時，語言是非常直接的，尤其在表達他們的「不滿」時，更會語帶怨懟。或許是因為早期生活不易所致，也因為生活艱辛，所以對於「貧」、「富」之間差異的感受，也就特別強烈。不難發現：越是屬「中、下階層」及「未接受良好教育」的人，他們在這方面的心理傾向越是明顯。

二、經驗傳承

諺語很重要的功能之一即為傳承生活的「經驗」，藉由諺語告訴後代子孫生活中該注意的事項，以及身為一個澎湖子弟應具備的條件和認知，以下解說條列如下。

（一）船運交通

（1）大船聳，卡贏得船仔跑。

tua11~ tsui24 so11 k'ak4 ia~11 tek2 tsui11 e24 lo~33

大船行駛的速度再怎麼緩慢，也比小舟來得快。

（2）大船吃大湧，小船吃小湧。

tua11 tsun24 tɕia11 tua11 ŋiə53 sue53 tsun24 tɕia11 sue53 ŋiə53

大船能承受大浪的衝擊，小船只能承受小浪的衝擊

（3）有風嘸通駛盡船❼。

uu11 hoŋ 55 m11 t'a~33 sai24 tɕin11 tsun24

此諺意謂：「滿招損，謙受益」，人處在最好的時機與運勢時，也要謙虛。

·停靠漁港的漁船（一）

·停靠漁港的漁船（二）

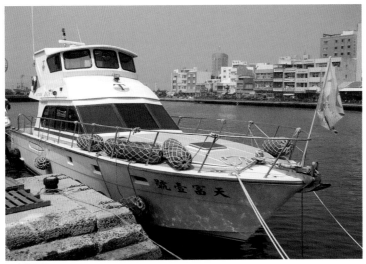

· 交通遊艇

（4）車前船後。

tɕʻia33　tɕjə ŋ　24 tsun11 au33

搭車要坐在車子的前方，坐船要坐在車子的後方，因為這兩個地方較為平穩，較不會搖晃。

（5）近海搭嘸船，近山剉嘸柴。

kun11 hai53 da53 boll tsu24 kunll sua~55 tsʻo53 boll tsʻa24

比喻越有把握的事越是做不好。

（6）舵公作儅熬，海水有時會淋到[80]。

to11 ko ŋ　55 tsue53 be11 sua53 hai24 tsui53 u11　ɕi24 ma11 e11 ak2 tjo11

掌舵者雖然是站在船的最後面，一樣會有被海水潑到的時候。因為只要是在船上工作，不被海水潑到是絕不可能的。可以引申為：只要是時機到了，任何事都有可能發生。

（二）討海常識

（1）送伊魚，卡輸教他抓魚。

saŋ 53 i33 hu24 kak4 su33 ka53 i33 lia11 hu24

一作：送伊魚，卡輸送伊一枝釣竿❸。

saŋ 53 i33 hu24 kak4 su33 sa53 i33 tɕit4 ki33 tjo53 kua~55

這是說與其一直幫助一個人的生活，不如教他謀生的技能。

（2）家己殺賺腹內。

ka33 ki11 t'ai24 t'an53 pak4 lai33

此諺是說自己殺魚，才能賺到魚腹內的東西；否則都讓漁販賺走了。比喻做生意能自己賺的地方就自己賺。

（3）上山看篧。

tɕju11 sua~55 k'ua~53 kak2

「篧」是一種竹做的魚簍子。此諺是說在海上誇耀自己捕或釣了多少魚都沒用，要到陸地上看看盛漁獲的籃子才能論輸贏。比喻事情要看最後的結果再論勝負。

（4）大網既舉憑魚漏。

tua11 baŋ 33 ki53 ku53 pjə ŋ 33 hu33 lau11

·捕小管的漁船

·漁船出海捕魚前，先在碼頭補充冰塊和水

·一般漁船

·漁船夜晚歸航

129

　　一張網得的上下網繩都掌握起來了，網中的大魚肯定跑不掉，至於網中的小魚就隨牠去吧！引申為做事情時，大的要領掌握住了，小細節就不需太計較了。

　　（5）內深外淺。

lai11 tɕʻim55 gua11 tɕʻjen53

　　這是描述一種漁港內，水深深度變化的類型。這種漁港很容易發生意外，淹沒船隻或人。

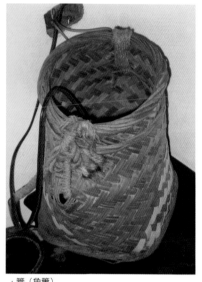

·篅（魚簍）

　　（6）魚趁鮮，人趁幼。

hu24 tan53 tɕʻi~55 laŋ 24 tʻan53 ju11

　　（另一同意諺語: 魚趁鮮，蝦趁跳）。

hu24 tan53 tɕʻi~55 he24 tʻan53 tʻiau11

　　這是說凡事要把握時機，魚要趁新鮮時吃，蝦要趁活跳時享用，人更要趁年少時努力。

　　（7）人吃魚，魚吃人。

laŋ 24 tɕia11 hu24 hu24 tɕia11 laŋ 24

　　這句諺語是在解釋大自然食物鏈的現象。自然社會也好，大自然的環境也好，都是相互依存的；老祖先以此訓誡我們，對萬物要包容共存，不能趕盡殺絕。

(8) 千年草子，萬年魚栽。

tɕ'en23 ni24 ts'au24　tɕi53 ban11 ni24 hu11 tsai55

意謂大地萬物都應該有永續經營的觀念，讓草千年也不會消失，魚源萬年也不會枯竭。

（三）人生世相

(1) 一年媳婦，兩年師傅。

tɕit2 ni24 ɕim33 bu33 ləŋ11 ni24 sai33 hu33

意指只要有經驗，工作很快就能進入狀況，得心應手。

(2) 孔子公毋敢收人的隔暝帖。

k'o24 tsu24 koŋ55 mll ka~24 ɕju33 la~11 e11 kek53 mi11 tiap2

「隔暝帖」是代表未知的事情。此諺是告誡人不要隨便允諾別人事情，因為世事多變，萬一做不到，或中途有變卦就糟糕了。

·澎湖孔廟

·孔廟中的文石書院

（3）蕃薯要看勢咬。

han33 tsu24 ai53 k'ua~53 se11 ka33

意指事情要審度時宜，講求要領。

（4）棺材是貯死的，呣是貯老的。

kua33 ts'a24 ʨi11 tue24 ʨi53 ge11 m11 ʨi11 tue24 lau33 ge11

棺材中裝的是死人，不是老人。意謂年紀大的人不見得會先死。

（5）一日殺九豬，九日嘸豬殺。

tʨit2 ʑit4 t'ai11 kau24 tu55 kau24 ʑit4 boll tu55 t'ai24

意指收入不穩定，時好時壞。

（6）呷一百歲，嘛嘸法度擔一百擔。

tʨia11 tʨit2 pa53 he11 ma11 bo11 huat4 to33 ta~33 tʨit2 pa53 ta~11

此諺是在告訴人：體力不可能和年齡成正比。

（7）三合米煮有飯。

sa33 kak4 bi53 tsu24 u11 bə ŋ 33

意指有相當的準備才辦得了事情。「合」是指小量米器，容量相當於我們今日所說的一杯米。

（8）魚那呣吃蝦，人都呣吃糜。

hu24 na11 m11 tʨia11 he24 laŋ 24 do11 m11 tʨia11 me24

指魚和人一樣，如果魚不吃蝦餌，人也吃不下粥糜，就代表都生病了。

（四）教訓子孫

（1）離祖（一作：鄉〔hjo~55〕）唔離腔。**⑧②**

li11 tso53 pu4 li11 k'ju~55

意謂即使離開了自己的家鄉，也不能改變自己講話的腔調。因爲澎湖的閩語多爲海口音，而且向來安土重遷，地域觀念很重，即使大多數人都離鄉背井在外工作，也不願改變自己說話的腔調，表示不忘本。

（2）一代癲、一代賢、一代背笭織、一代掛吊聯。

t𝒞it2 tai11 tjen55 t𝒞it2 tai11 hjen24 t𝒞it2 tai11 p'ai~11 ka33 tsu53 t𝒞it2 tai11 kua~11 tiau53 ljen24

此諺是比喻風水輪流轉，一個家族每一代的興衰都不一樣。

（3）好額（一作：富hu11）獪過三代。

ho24 giak4 be11 kue53 sa~33 tai33

所謂創業維艱，守成不易，家境富裕不會超過三代，因爲富家子弟不會有憂患意識，要敗家業是很容易的。

（4）大人會堪得飫，囝仔獪堪得餓。

tua11 laŋ24 e11 k'am33 ek4 iau55 ŋin11 ne24 be11 k'am33 ek4 ŋo33

比喻大人雖然可以忍受饑餓，但是小孩不行。引申為大人再怎麼辛苦，也不能讓小孩吃苦，正所謂天下父母心。

（5）也著神、也著人，也著諫、也著物，也著篙、也著麋。

ia11 tjo11 Ȼin24 ia11 tjo11 ʑin24 ia11 tjo sut4 ia11 tjo11 but4 ia11 tjo11 t'ui24 ia11 tjo11 mi24

第一句是說凡事看天運，也要盡人事；後面兩句則是言教導小孩子要軟硬兼施。「諫、麋」都是好言相誘，「物」是打，「篙」則是打人的籐條。

（6）頂厝教子，下厝囝仔嘛乖。

tjəŋ24 ts'u11 ka53 kia~53 e11 ts'u11 ŋi11 ne24 ma11 kuai55

意謂住在較前面或地勢較高的人家，若在教訓小孩子，較為後面或地勢較低的人家的小孩子，也會受影響而同時受教。

（7）歹子飼父。

p'ai24 kai~53 tȻ'i11 pe11

意指父母心中最不好的子女，通常最後是最孝順的。

（8）自己種一欉菜瓜，卡贏查某子來作客。

ka33 ki33 tȻjəŋ53 tȻit2 tsaŋ11 ts'ai53 kue55 kak4 ŋia11 tsa33 bo24 kia~53 lai11 tsue53 kek2

形容年紀已長的老人，身邊要有一些本錢，不能事事依賴孩子，要有自立更生的能力。

（9）敢，就快做媽。

ka~53 to11 kin24 tsue53 ma~53

意謂只要有膽識，事情一定會成功。

（10）七坐、八爬、九發牙。

tɕ‘it4 tse33 pue53 pe24 kau24 huat4 ge24

指小嬰兒到七個月時就會自己坐起，八個月時會爬行，九個月時開始長牙齒。

　　就經驗傳承而言，諺語中所要反映的是：(1)追求生活的方式，這是屬於經濟生活層面的；(2)社會與家庭的倫理規範，這是屬於道德層面的；這兩方面其實也是早期先民單純的生活型態中，最基本的要求，他們每天只是在求這兩方面的滿足與平衡而已，藉由這兩方面的理解，希望更能體會過去人們的一切。

諺語出處

⑦此諺來自張鐘招治女士（七美人，未曾離開七美，年66歲）採集日期：1997，10月。

⑦此諺來自陳結雙船長（年61，虎井嶼人，安勝輪船長，本以捕魚為業，後改開交通船及觀光游艇，來往馬公、虎井兩地）採集日期：1998，9月10日。

⑦此諺來自黃春滿老師（湖西鄉西溪村人，任教於中興國小，今已移居馬公，年30，曾編纂鄉土教材）採集日期：1998，9月9日。

⑦此諺來自黃鄭春美女士：（年60歲，湖西鄉西溪村人，未曾離）採集日期：1998，6月。

⑦此諺來自《湖西鄉鄉土教材》初版，（澎湖：湖西鄉各國小合編，1998），頁113。

⑦此諺來自陳彩好女士（鎮港人，計程車司機，年52）採集日期：1998，8月8日。

⑦此諺來自許瑞慶等九人編：《將軍澳嶼鄉土補充教材》，初版，（澎湖：澎湖縣立將軍國小出版，199，6月），頁48。

⑦此諺見尹建中：《澎湖人移居臺灣本島的研究(三)》，（硓𥑮石月刊11期，1998，6月，澎湖縣立文化中心出版)頁65。

⑦此諺來自此諺來自郭劣先生（年73歲，居望安鄉將軍嶼60多年，今已移居馬公，原從事漁撈及珊瑚打撈業），及徐安承校長（年53歲，居將軍嶼30多年，今亦移居馬公，現為澎湖縣馬公市東衛國小校長），採集日期；1999 7月9日。

⑦此諺來自曹銘宗：《什錦臺灣話》，初版，（台北：聯經出版社，1996），頁75。

⑧此諺來自周長楫、魏南安、林鵬祥編：《台灣閩南諺語》，一版，（台北：自立晚報社文化出版部，1992.3月），頁170。

⑧此諺來自李赫：《臺灣諺語的智慧(七)》，一版，（台北：稻田出版公司，199510月），頁89。

⑧此諺來自鐘石棟先生（七美人年68歲至今仍居於七美曾任兩任村長現為七美嶼黃德宮董事）採集日期1997.10月

第四節 婦女生活

澎湖地區的婦女因為地區產業以漁業為主，生活環境又惡劣，因此她們的家庭地位，生活方式及社會責任就顯得相當特殊，這類諺語所反映出的婦女的真實生活，及可能形成的社會問題，是值得探索的，我們除了解其現象之外，將進一步去分析。

· 蒙面女郎（一）

· 蒙面女郎（二）

一、婦德

（1）澎湖查某，台灣牛。

p'i~11 o11 tsa33 bo~53 tai11 wan33 gu24

這是形容澎湖婦女艱辛的生活，也可以說是這一大類諺語的主題語。澎湖地區由於男人大多出海捕魚，即使回航也必須作足夠的休息，所以澎湖婦女就必須負擔起家中所有的耕作、家務、處理漁獲、及教養子女、侍奉長輩……等工作；她們的一生就像牛一樣任勞任怨，再加上居民大多貧窮，買不起耕牛，只好用人力耕田，更使得婦女辛勞無比，真的像是作牛一樣；因此便用此諺形容其辛勞。

（2）作嬤磨到叫呣敢。

tsue53 ma53 bua11 ak4 kjo53 m11 ka~53

意謂當了祖母之後，累得受不了；因爲除了要操持家務之外，還要帶孫子，如果媳婦多，生的孫子眾多，可就會累慘了。

（3）雙手抱雙孫，嘸手通穿裙。

Ȼia33 tȼ'ju53 p'o11 Ȼia33 sun55 bo11 tȼju53 t'a33 tȼjəŋ11 kun24

澎湖地區的老人（尤其是婦女），在家中最主要的工作就是理家務，尤其是照顧小孩子；如果孫子一多，便會有手忙腳亂的現象；故言「無手穿裙子」，因爲抽不出空來。

（4）查某人，兩條管，想來想去想倒返。

tsa33 bo24 laŋ24 ləŋ11 tiau11 koŋ53 Ȼju~11 lai24 Ȼju11 k'u11 Ȼju11 to53 təŋ53

這句話展現了女人的柔性和韌性，意謂女人有兩條氣管，對於事情會反覆考慮，最後總會顧全大局。

（5）雞母繪使拜（一作效hau53）天公。

ke33 bo53 be11 sai24 pai53 t'i~33 koŋ55

這是形容早期傳統社會男女極端的不平等，女人沒有什麼地位與權力。

（6）目屎流埔。

bak1 sai53 lau33 po~55

這是一句形容早期七美婦女農耕工作非常辛苦的話；因早期農耕不易，地貧瘠、收穫少，工作卻很多，故婦女們常因工作太辛苦而淚灑田地上。

（7）菜頭拔起空原在。

ts'ai53 t'au24 ban53 k'ek2 k'aŋ 55 guan11 tsai33

蘿蔔拔起來之後，那個坑洞還是在那裡，這句話是用來諷刺女子一旦有了不貞的行爲，雖然外表看不出來，但是仍無法掩蓋其不貞的事實。

二、婦容

（1）穿調搭，呣通落破❸。

tɕ'iə ŋ 11 tiau53 ta11 m11 t'aŋ 33 lau53 p'ua11

意謂女孩子衣服要穿得整齊、端莊，不可以邋遢骯髒。

（2）一白蔭九黑。

tɕit2 pək4 in53 kau24 o55

一分細緻的白皮膚，可以遮掩其餘九分的黑。意指一個女孩子不論相貌如何，只要皮膚白，就顯得美麗。

（3）一白贏三水，黑肉就呣成鬼❹。

tɕit1 pek4 ŋia~11 sa33 sui53 o33 bak1 to11 m11 tɕia11 kui53

意指皮膚白的人看起來就比較美，皮膚黑的人在外貌上就較爲吃虧。

（4）尖腳幼手。

tɕiam33 k'a55 ju53 tɕ'ju53

這是指早期沒有做過粗活的女孩，才有可能纏小腳，且皮膚細嫩白皙。

（5）婿腳蔭面，婿頭蔭身。

sui24 k'a55 im53 bin33 sui24 t'au24 im53 ɕin55

一雙美麗的小腳可以使不好看的容貌變得好看，一頭漂亮的秀髮可以使女人全身看來婀娜多姿。

（6）查某人卡金口❽。

tsa33 bo24 laŋ 24 kak4 kim33 k'au53

此諺是用來教育女子要含蓄，話不要輕易說出口，以示莊重。

（7）第三查某子呷命。

te11 sa33 tsa33 bo24 kia~53 tɕia11 mia33

出生排行第三的女子，她的命盤一定很好，將來只要靠著她與生俱來的好命，就能豐衣足食一生。

（8）大腳會打死尪。

tua11 k'a55 e11 p'a53 ɕi24 aŋ 55

舊時要求婦女纏足，未纏足者就會被視爲粗魯而不雅、兇悍之女子，故言大腳而未纏足的婦女會打自己的丈夫。

（9）要嫁才要綁腳。

bek2 ke11 tɕiak4 bek4 bak2 ka~55

古時纏足是女子在外貌上一項重要的評論指標。此諺是說女子要出嫁了才要纏足已經來不及了；比喻事到臨頭才準備已經來不及了。

三、婚姻

(1) 好田地，不如好兄弟。

ho24 ts'an11 t'e33 pu53 lu24 ho24 hia~33 te33

意謂與其嫁給一個家產豐富的人，不如嫁給一個努力向上的人。這句諺語在台灣本島也有流傳，但其解釋不同：「在過去的農業社會，田地是人們的根本，而擁有好田地，更可讓幾代不愁吃穿，但田地再好，總也要有人來經營，如果下一代不長進，好吃懶做，再好的田地也種不出東西來，有好子弟勤於耕作，貧瘠的田地也會豐收，而且積蓄一多，自然也有能力購買好田地。」[86]雖然此諺在兩地的使用狀況不同，但都是肯定努力的人。

(2) 種田看田底，取某看娘娌。

tɕjəŋ53 ts'an24 k'ua53 ts'an11 te53 ts'ua11 bo53 k'ua53 lu~11 le53

作任何事都要看這件事的背景，包括：種田的要看田地的土質是否肥沃，娶老婆要看這個女孩子的母親，就知道她好不好。

(3) 嫁人擔蔥賣菜，嗯嫁人半邊尪婿。

ke53 laŋ11 ta55 ts'a55 bue11 tsai11 m11 ke53 laŋ11 pua~53 pjəŋ33 aŋ33 sai11

141

意謂寧可嫁給貧窮的市井小販當正室，也不嫁給富裕人家當姨太太。

（4）緊紡呣好紗，緊嫁呣好大家。

ki~24 p'a53 bo11 ho24 se55 ki~24 ke11 bo11 ho24 ta33 ke55

勸女人嫁人要謹慎，如果嫁人前沒有探聽清楚就急著嫁，有可能被虐待而受苦一生。

（5）一錢、二緣、三水、四少年，五敢、六好膽，七皮、八綿、九跪、十拜，好囝婿。

it4tle tɕ'jen24 ʑi11 jen24 sa33 sui53 ɕi53 ɕiau53 lje24 go11 ka~53 lak2 ho24 ta~53 tɕ'it4 p'i24 pue53 mi~24 kau~24 kui33 tsap2 pai11 ho24 aŋ33 sai11

這是早期女子選擇女婿或丈夫的十項方法。他們包含了男子的經濟、外貌、膽量（剛強面）、男女之間的緣份、以及男子時而表現的溫柔面等等。後來也成為女子考慮男子追求自己，或旁人評斷男追女的十項條件。

（6）三代人嘸厞，呣通嫁頂湖人。

sa~33 tai11 laŋ24 bo11 aŋ55 m11 t'aŋ33 ke53 tjəŋ24 o11 laŋ24

上湖指的是七美地勢較高的農耕區，但居民生活較貧較苦，舊時七美婦女多不願嫁到此區。

(7) 三、四代嘸尪,唔通嫁水垵人。

sa~33　Ȼi53　tai1　bo11　aŋ~55　m11　t'a　55　ke53　tsui24　ua~33
laŋ　24

望安島爲一地塹地形,中間凹陷的是中社社區,兩端高起的是望安及水垵社區;水垵的男子春、夏、秋三季(每年農曆四月初至九月初),從事捕漁業活動;到了九月份東北季風刮起,就得到台灣做工謀生;故嫁到水垵社區的女子,這段生活是非常孤寂的。因此,望安女子多不願嫁到水垵來,以免受苦。

(8) 頂湖尪唔嫁,頂湖草要刮。

tjəŋ24　o~11　aŋ55　m11　ke11t　jəŋ24　o11　ts'au53　bek4　k'auk2

上湖指的是七美地勢較高的農耕區,長了許多豐茂可用來餵牛的草,但居民生活較貧較苦,舊時七美婦女多不願嫁到此區,但往往會到此區割餵牛羊的草。故上湖區的男子看到婦女來此割草,就會以此諺諷刺之。

(9) 要娶恰的,唔娶愈的[87]。

bek4　ts'ua11　tȻ'ia53　e11　m11　ts'ua11　zu24　e11

意謂娶老婆寧可娶兇一點,但是很講理的;不要娶平時看起來很溫柔,但一使性子就有理說不清的人。

(10) 敢掠人的豬,煞唔敢鑽人的豬稠。

ka24　lia11　laŋ11　e11　tu33　sua53　m11　ka24　tsəŋ　53　la11
e~11　tu33　tjau24

敢抓人家的小豬，難道不敢鑽進人家的豬巢中？其實是比喻一個人既然想娶人家的女兒，就要有勇氣去岳家提親，不能偷偷摸摸、畏畏縮縮的。

（11）過船渡槳。

kue53 tsun24 to11　tɕju~53

指澎湖的女子嫁到台灣一定要渡海，叫「過船渡槳」。

（12）聘金提倒來，添丁甲進財。

p'jəŋ53 kim55 t'e11 to53 lai24 tiam33 tjəŋ　55 kak44　tɕin53　tsai24

這是媒人在女方納聘時所說的吉祥話。

（13）戶庭跨給過，通家呷百二歲。

ho11 tjəŋ24 ta11 ho33 kue11 t'a33 ke55　tɕia11 pa53 ʑi11 hue11

這是新娘子剛踏入新郎家時媒人說的吉祥話。意指娶得此女能為全家人帶來長壽的福份。至於為什麼入門時不能踩在門檻上，必須跨過去呢？那是因為戶（戶庭）代表的是守衛之神，在古代，不論天子、諸侯、大夫、庶民的祭祀，都要祭「戶」，此種戶就是台語的「門神戶尉」，他代表的是一種極有尊嚴的神。❽

（14）鉛粉簌簌飛，入門會蔭家。

ien11 hun53 su53 su53 pue55　ʑip2 məŋ24 e11 in53 ke55

一作：鉛粉簌簌飛，新娘入門，緣份生透家。

ien11 hun53 su53 su53 pue55　ɕi~33 nju24　ʑip2 məŋ24 ien11 hun33 ɕi33 t'aŋ33 ke55

· 鉛粉　　　　　　　　　　　　　　　　· 謝藍

新娘在被迎娶進門時，媒婆會以鉛粉灑向全家人，並念此諺；一方面是希望新娘能與此家人有緣，日後好好相處，一方面也希望新郎家的人能疼惜這個新娘，讓她早日適應新生活。

至於爲什麼要灑鉛粉？是因爲「鉛ien11」字臺語音協音於「緣ien24」字，故用之。而傳統的鉛粉分爲兩種：一種是白色、不能食用的；是新娘在被迎娶進門時，媒婆用來灑向全家人的。一種是白色、可以食用的，新娘出嫁時由娘家帶來，成婚之後，以此泡茶給予夫家的人喝，以求建立好人緣。

（15）新娘水水，子婿飫鬼，媒人婆仔不訴鬼。

Ȼin33 nju24 sui 24 sui53 kia~24 sai11 iau33 kui53 mll la ŋ 11 po24 ak4 put4 sut4 kui53

這是小孩子在鬧洞房時會念的諺語。

（16）兩枝甘蔗靠門後，公婆呷到老老老。

lə ŋ 11 ki33 kam33 tȼia11 wa24 bə ŋ 11 au33 ko ŋ 33 po24 tȼ ia11 kak4 lau24 lau11 lau33

這是說新娘在歸寧之後所帶回來，由娘家所贈的兩枝甘蔗，是送給夫家的公婆等人吃的，目的祝其長命百歲；但是這兩枝甘蔗帶回來之後，必須先放在新娘房門後三天才可以削來吃。

四、生育

（1）嘸子命，獪堪个得。

bo11 kia~24 mia33 be11 k'am33 ne4 tjə k2

命中如果註沒有兒子，就得不到（生不出）兒子。

（2）吃了粿，生查甫；吃了甜，生後生。❸

tɕia11 liau24 kue53 ɕi~33 tsa33 po55 tɕia11 liau24 ti~55 ɕi133 hau11 ɕi~55

這是新年時若有客人至家中所說的吉祥話。

（3）吃甜甜，生後生。

tɕia11 ti~33 ti~55 ɕi133 hau11 ɕi~55

這是喜宴時、或新年時吃糖果時，會祝人早生兒子的吉祥話。

（4）娶這媳婦啊獪生，煞是媒人歹收伺。

ts'ua11 tse24 ɕim33 bu33 a11 me11 ɕi~55 sua53 ɕi11 m11 laŋ24 p'ai24 ɕju33 ɕi33

婆婆見娶進門的媳婦久未生育，於是念此諺來罵媒人，實則是責怪媳婦。

（5）媒人嘴，糊累累。

m11 la11 tsu11 ho11 lui53 lui11

媒人婆的話通常都言過其實，不可盡信。

（6）汝唇嘸雞虼，汝子嘸頭尵。

lin24 ts'u11 bo11 kue33 aŋ55 lin24 kia~53 bo11 t'au11 ham55

此句是女子用來向夫家長輩暗示：生不出小孩子問題是出在丈夫不是她。

（7）生一个子，落九枝花。

ɕi33 tɕit2 ge11 kia~53 lo11 kau24 ki33 hue55

女人生了一個小孩之後就像謝了九朵花一樣，美貌大受影響。因為生一個孩子是很耗精力的，母親的元氣和身體都大受影響，如果調養得不好，就會老化得很快。

（8）補胎卡好作月內。

po24 t'ai55 kak4 ho24 tsue53 gue11 lai33

懷孕期間注意營養，比產後才補身體更為重要。傳統社會對女性作月子非常重視，與台灣地區相同的，澎湖地區的婦女在作月子時，食與日常皆忌生冷，如：不吃涼性食物、不常沐浴、洗頭。但不同的是：台灣地區以雞、豬肉進補為主，但澎湖地區應是在飲食習慣的影響下，多以魚類進補為主，且又以清淡的烹調、活捉的、新鮮有鱗無毒的魚類為主，對於毒性較重的魚，如：臭肉魚、炸彈魚、象魚等，則皆不可入孕婦之口，至於其他肉類，則是點綴性的飲食，在作月子的習俗上，地區環境的影響相當明顯。

五、婆媳

（1）三個媳婦卡行，嘛唔值一粒蔥頭。

sa33 ge11 Ȼim33 bu33 k'ak4 gau24 ba11 m11 tat4 tek4 tȻ it2 liap2 ts'a~33 t'au24

意謂娶的媳婦再好，也比不上煮菜時用途多多的蔥頭；這是一句諷罵媳婦的話。

（2）房哪卡高廳，媳婦就卡高大家（婆婆）。

paŋ24 na11 k'ak44 kuan11 t'ia~55 Ȼim33 bu33 to11 k'ak4 kua11 ta33 ke55

這是一個古時蓋房子的禁忌；意謂在蓋房子的時候，房間的天花板的高度不可以超過客廳的天花板，否則將來媳婦若娶進門，她就會壓過婆婆，不孝順公婆。

（3）大家有話，媳婦嘸話。

ta33 ke55 u11 ue33 Ȼim33 bu33 bo11 ue33

婆婆有說話指示的權力，但是媳婦沒有回話的權力。

（4）大家有嘴，媳婦嘸嘴。

ta33 ke55 u11 ts'ui11 Ȼim33 bu33 bo11 ts'ui11

意指作媳婦的不可以頂撞公婆；與上一句諺語意思相近。

（5）甘願在庄腳做大家，唔願在都市作媳婦。❾⓿

kam33 guan11 ti11 tsə ŋ33 k'a55 tsue53 ta33 ke55 m11 guan11 ti11 to33 tȻ'i33 tsue53 Ȼim33 bu33

在鄉下婆婆地位高受敬重，都市的媳婦地位低，工作多；故爲女人寧可選前者。此句可用來比喻同樣的工作，當然選環境較輕鬆的地方工作，有尊嚴、工作又少。

（6）尪親、某親，老婆仔扒（一作紡p'a24）車（一作沙sua33）鈴（一作輪lə ŋ55）。

a33 tɕ'in55 bo55 tɕ'in55 lau11 po24 a53 p'a24 tɕ ia33 ljə ŋn55

夫妻的感情如果太好就會把老母親給冷落在一旁，意謂男人有了妻子就忘了母親。

（7）媳婦哭禮數，查某子哭腸肚。

ɕim33 pu33 k'au53 le24 so11 tsa33 bo24 kia~53 k'au53 tə ŋ 11 to33

一般而言，媳婦和公婆的情感，與女兒和父母的情感是不同的。女兒畢竟是親生，所以感情出自天性而深厚，父母喪時自是哀痛不已；媳婦一向被視爲外來者，很難與夫家長輩建立深刻的情感，所以公婆喪時，難免哭個意思，以示孝順的禮儀罷了。此諺也可引申爲反映事實的意思。

（8）多牛踏嘸糞，多查某相伴睏。

tsue53 gu24 ta11 bo11 sai53 tsue53 tsa33 bo53 ɕjo33 p'ua~11 k'un11

意謂用很多牛來踏牛屎，做牛糞餅，只是會把牛糞弄得亂七八糟。在一個大家庭中，如果有一個媳婦不願意起床做家事，其他的也就有樣學樣，不願起床做事，最後只剩下做婆婆自己去做。

（9）多子餓死爸，多媳婦餓死大家。

tsue11 kia~53 iau33 Ȼi24 pe33 tsue11 Ȼim33 bu33 o11 Ȼi24 ta33 ke55

言人多反而因互相推卸而一事無成。就像一個家庭：小孩多沒有人願意奉養長輩，而餓死父親；媳婦多無人願煮飯，而餓死婆婆。

（10）挾別人的肉地在飼大家。

ge~53 bak2 laŋ 24 e11 bak2 tek4 tȻ'i11 ta33 ke55

挾別人所煮的肉給自己的婆婆吃。意指佔了別人很大的便宜。

（11）尫死又被大家說笑**❾①**。

aŋ 55 Ȼj53 ko4 ho11 ta33 ke55 ko~24 tȻjo11

此諺是說丈夫都死了，還被自己的公婆（此處大家是泛指公婆）譏笑，可見寡婦命運的悲慘。後來引申爲一個人屋漏偏逢連夜雨，眞是倒楣到極點。

六、夫妻

（1）枕頭神，尚靈聖。**❾②**

tȻim24 t'au11 Ȼin24 Ȼ jo~11 ljəŋ 33 Ȼia11

意謂妻子在丈夫枕邊所說的輕聲細語，對丈夫的影響最大。

（2）愛某水，替某擔水。

ai53 bo53 sui53 t'e53 bo53 ta~33 tsui53

意謂一個男子爲了美麗的太太，心甘情願做一切的事。

（3）後頭厝，倚儈富。

au11 t'au11 ts'u11 ua24 be11 hu11

意謂一直依靠娘家接濟，而不願努力，是無法致富的。

（4）二更更、三夜夜，四三、五七、六作牙，七挈、八想、九搖頭。❾❸

ʑi11 ki~33 ki~55 sa33 ia11 ia33 su533 sam55ŋ o24 tɕ'it2 lak2 tsue53 ge24 tɕit4 so55 pue53 ɕju33 kau24 jo11 t'au24

這是警喻每個年齡層的性生活要有不同的頻律，是以十歲爲一個單位來區格，可以看出古人對性生活的須求與反映。「更更」是兩小時，「夜夜」是每天，「作牙」半個月，「挈」、「想」、「搖」則是不能再有性生活的意思。

（5）睏破三領蓆，掠君的心儈著。

kun53 pua53 sa~33 nia24 tɕ'jok4 lia11 kun55 e11 ɕim55 be11 tjok4

這是怨婦對丈夫冷落的埋怨。可以引申爲做事盡力，但卻得不到他人的讚美和肯定。

（6）查埔嘴大呷四方，查某嘴大呷嫁妝。

tsa33 po55 ts'ui11 tua33 tɕia11 su53 hoŋ55 tsa33 bo53 ts'ui11 tua33 tɕia11 ke53 tsjəŋ55

男孩子嘴大，註定可以四處賺錢；女孩子嘴大註定要靠自己的嫁妝過活，依賴娘家的接濟維生。

（7）斷掌查埔作相公，斷掌查母守空房。

tə ŋ 11 tɕ ju~53 tsa33 po55 tsue53 ɕ jo53 koŋ 55 tə ŋ 11 tɕ ju~24 tsa33 bo53˝ ɕ ju24 koŋ 33 po~24

男子手掌掌紋若是斷掌，將來會成為有身份地位的人；但女子若是如此，代表會命中剋夫，將來只有守寡、忍受獨守空閨的命運。

（8）查埔大到二五，查某大到大肚。

tsa33 po55 tua11 kua53 ʑ i11 go33 tsa33 bo53 tua11 kau53 tua11 to33

男人可發育到二十五歲，女人只發育到懷孕（第一胎）時。

（9）死某那割韭菜。

ɕ i24 bo53 na24 kua53 ku24 ts'ai11

這是說死了太太就好像割韭菜一樣，韭菜割了以後還會再長，太太死了以後可以再娶，充滿對女性的岐視。

·韭菜

（10）招尪娶某走。

tɕ jo33 aŋ 55 ts'ua11 bo53 tsau53

通常一個家庭要招贅女婿有兩個原因：一是家中需要一個男人來維持家計；一是這個家庭沒有生男的，必須以招贅來傳續香火。一

旦招贅，就希望這個被招贅的人永遠留在這個家庭中。如果他帶著太太離開原招贅家庭，捨棄他應盡的義務，這個招贅的婚姻等於有名無實，而原招贅家庭也是白忙一場。

（11）家欲齊置兩耬，家欲破置兩妻。

ke55 bek4 tse24 ti11 ləŋ 11 le24 ke55 bek4 pua11 ti11 ləŋ 11 ts'e55

在家中置兩套耬具，代表會勉力耕作；但若娶兩個老婆，必使家庭衰敗，因為家庭必會爭吵不休。

（12）種到歹田望後冬，取到歹某一世人。

tɕjəŋ53 tjo11 bai24 ts'an24 ŋəŋ53 au11 taŋ55 ts'ua11 tjo11 bai24 bo53 tɕit2 ɕi53 laŋ24

意謂一個農民如果租到貧瘠的土地，今年收成不好可以經由改善土質，使來年收成變好；但是一個人如果娶到不賢淑的壞老婆，就會痛苦一輩子。

（13）借錢娶某，生子嘸夠通撨估。

tɕjo53 tɕin24 ts'ua11 bo53 ɕill kia~53 bo11 kau53 t'a~33 hoŋ11 ko~55

如果負債來娶老婆，將來就是把孩子賣掉也不夠償還債務；所以對一般的家庭而言，借錢娶妻是不智的行為。「撨：ho 11」是給（ho11）與人（laŋ24）的合音。

（14）有才調娶某唔是師父，有才調飼某才是師父。

u11 tsai11 tiau33 ts'ua11 bo53 m11 ɕi11 sai33 hu33 u11
tsai11 tiau33 tɕ'i11 bo53 tɕiak4 ɕi11 sai33 hu33

眞正有能力的人是可以在經濟上養活太太的人，不是想辦法湊
錢娶妻的人。

七、童養媳

（1）姑換嫂，一面好、一面倒。

ko55 ua~11 so53 tɕit2 mi11 ho53 tɕit2 mi11 to53

抱養童養媳的風氣在早期的澎湖社會中是相當普遍的，因爲居
民普遍貧困的關係，付不起婚姻的費用，故抱童養媳來解決這個問
題。童養媳不只可以幫忙家務，更可以解決日後娶不起媳婦的問題；
而她自小即與先生和家人熟悉，也可以避免日後家庭紛爭。但是選抱
童養媳時有一個禁忌，就是不可以兩家彼此交換女兒；即甲家向乙家
抱了一個童養媳，乙家就不能向甲家再抱一個，必須向甲家以外的第
三家抱才可以，否則這互換的兩家，會有一家面臨家道中落，家業敗
壞的厄運。

（2）碗筷呷久是親。

wa~24 tu33 tɕia11 ku53 ɕi11 tɕin55

指童養媳在收養家庭待久了，即使和這個家庭沒有血源關係，
也會因爲日久生情而感情很好，像是有血親關係的一般家庭。

八、其他

（1）娘快作，嬋歹學。

nu24 kin24 tsue11 kan53 p'ai24 ok4

要學作千金大小姐或貴夫人是很容易的，但要學作一個女婢操持家務，就很不容易了。

（2）澳脯澳人呷。

au53 po53 au53 laŋ24 Ȼiak4

本指發臭的魚乾還是會有人去吃，後引申爲流落煙花界的女子一樣會有人娶來做太太。

（3）花舡閃爍。

hue33 aŋ55 Ȼiam24 Ȼit2

指那種個性外向，一天到晚打扮得花枝招展，四處招搖的女子。

（4）吃人的垃底糜。

tȻia11 laŋ11 ge11 ki~11 te24 be24

譏笑人娶了別人遺棄的女人做老婆。

（6）十條莒蕉九條翹，十個女人九個嬈。[94]

tsap2 tiau11 kjəŋ33 tȻjok4 kau24 tiau11 k'iau11 tsap2
ge11 tsa33 bo53 kau24 ge11 hiau24

　　此諺有兩個用法：一是比喻年輕女子十個中，有九個都是美麗的；但第二個用法則可以用來罵那些不莊重的女孩子。

　　由以上的諺語，我們發現傳統婦女的生活範圍仍是侷限在家庭之中，她的一生經歷：成長→婚姻→生育→教養→老年的不同階段，但都是以家中的成員：父母、公婆、丈夫、子女、孫子，為其生活的重心，至於行為思想上，則是受到傳統道德的規範和約束，她們很難對現實環境做出選擇，都是採取默默接受的態度，幸好她們除了認命之外，也多能樂觀面對身邊的人、事、物；故澎湖的婦女才能勇敢努力地過完她們的一生。

諺語出處

83此諺採集自呂陳靜枝（62歲居七美46年民72年才移居高雄）採集時間1999　7月17日

84此諺來自張橡（年68歲，七美人，自出生皆居於此，從事建築業）採集日期：1997，10月。

85此諺來自陳彩好女士（鎖港人，計程車司機，年52）採集日期：1998，8月8日。

86見李赫：《臺灣諺語的智慧（一)》，一版二刷，（臺北縣永和市：稻田出版公司，1996，12月），頁192。

87此諺來自翁春錢女士（年45，居於澎南地區鎖港村三十餘年，近年已移居馬公，從事海產加工品及澎湖特產買賣），採集日期：1999，9月25日。

88見姚漢秋：《臺灣婚俗古今談》，一版二刷，（台北：臺原出版社，1992，11月），頁36。

89此諺來自李紹章編修：《澎湖廳誌》，初版，（澎湖：澎湖縣立文化中心，1960，4月），頁145。

90此諺來自謝婷婷老師（年30，白沙鄉中屯村人，原爲虎井國小教師，今已調職高雄）採集日期：1998，9月9日。

91此諺來自蔡丁進老師（澎湖縣馬公市人，年50歲自出生至今皆居住在馬公，現爲馬公高中歷史老師）。採集時間：2000，2月26日。

92此說來自尙瑩：《枕頭神尙靈聖》（澎湖時報：8版，1999，3月18日）。

93此諺來自莊明德主任（年66歲，湖西鄉湖西村人，自出生未曾離開澎湖，現爲湖西國小總務主任）採集日期：1999，10月。

94此諺來自李瑞恭校長，（西嶼鄉外垵村人，居於西嶼鄉三十多年，今已移居馬公，現爲馬公市中山國小校長）採錄時間：1999，10月20日。

第六節 民間習俗

澎湖是一個相當重視傳統價值與制度的地區，在當地盛行著各種傳統的宗教慶典，以及歲時節慶的活動；這些活動會受到重視，與其所具備的族群凝聚力、人心安定的作用、保守的民風與惡劣的環境有關；因此所保留下來的傳統民間習俗相當可觀。以下我們就把敘述民間習俗的諺語再分為「歲時節慶」與「宗教習俗」兩大類。

一、 歲時節慶的習俗

在澎湖地區幾乎每逢農曆的節慶日都會慎重的祭拜或慶祝，在各種不同節日中會有不同的習俗。早期的人們往往遵守古禮不敢違背；在所收集到的諺語中，我們可以窺知一二。以下我們依農曆先後分述。

（1）門門開呵透，錢銀家己到。

bə ŋ11 ts'ua~11 k'ui33 ho33 t'au11 ʨi~11 gun24 ka33 ki11 kau11

在澎湖的傳統習俗上，大年初一要擇吉時開廳門、及家中的大門，稱為「開正門」，而把大門敞開，也代表迎錢財進門。故老人家一面開門，往往一面念此諺。

（2）偷挽蔥，嫁好尪；偷挽菜，嫁好婿；偷硓砧，得好某。

t'au33 man24 tsaŋ 55 ke53 ho24 aŋ55 t'au33 man24 ts'ai11 ke53 ho24 sai11 t'au33 lo24 ko53 tjək4 ho24 bo53

舊俗正月十五夜晚，未婚男女會相偕出遊，並以竊得物件爲吉兆。未婚之女子必偷取人的蔥茉，未婚之男必偷他人家牆頭的硓砧。其實在澎湖元宵節最興盛的民俗活動是歷史悠久的乞龜活動，並且隨著經濟的繁榮，規模一年比一年龐大，所乞物品亦包羅萬象，足見澎湖人對宗教活動的熱情。

（3）仙奶嘸糖嘛會甜。

Ȼien33 ni~55 bo11 t'ə ŋ　24 ba~11 e11 ti~55

農曆的正月初九是天公生，在澎湖當日自凌晨開始，家家戶戶幾乎都嚴守傳統，以天公圓等物品祭拜天公。澎湖拜天公最有特色的一項傳統便是搓天公圓，天公圓的形狀圓圓扁扁，中間突起，宛如奶狀，由下四上一，五粒排成，俗稱一葉，又被稱爲仙奶，舊時祭祀時

·天后宮大米龜

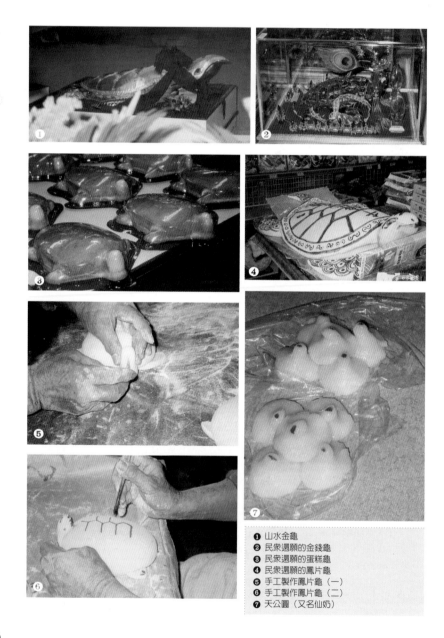

❶ 山水金龜
❷ 民眾還願的金錢龜
❸ 民眾還願的蛋糕龜
❹ 民眾還願的鳳片龜
❺ 手工製作鳳片龜（一）
❻ 手工製作鳳片龜（二）
❼ 天公圓（又名仙奶）

均需二十葉，今已無此限。天公圓的造型象徵天公哺育大地，又有圓滿吉祥，祝頌五福臨門等意味，當祭畢，吃天公圓時，往往因其不加糖又充滿甜黏的滋味而讚嘆不已。此外，吃天公圓時有一有趣的習俗，即老一輩常告誡未婚的晚輩，未成婚前不可吃最上面那顆天公圓，只有長輩才能吃它，年輕人一旦吃了，男的會娶不到妻子，女的會嫁不出去，是一種敬老尊賢的習俗。

（4）插艾才會輕健。

ts'a53 ai11 ʨjak4 e11 k'in33 kjen11

過五月端午節時插艾草，是為了使身體健康。「輕健」就是身體健康的意思。

（5）插草才會行走。

ts'a53 ts'au53 ʨjak4 e11 gau11 tsau53

做滿月時回家插苦藜草（一名：鋪地黍），是希望小嬰兒趕快學會走路。

（6）呷蔥聰明，呷蒜賢算，呷芹菜勤讀冊。

ʨia11 ts'oŋ55 ts'o33 mjeŋ24 ʨia11 sə ŋ11 gau11 sə ŋ11
ʨia11 k'in11 ts'ai11 k'in11 t'ak2 ts'ek2

此諺是說學童吃蔥才會聰明，吃蒜則是會算算數，吃芹菜則能使其勤於學業；這三種關連都是取其諧音。

（7）公婆（一作：媽ma53）盡看清明七月半。

koŋ33 bo24 ʨin11 k'ua11 ʨ'i~33 mia24 ʨ'it4 guel1 pua11

指一年中祭祀祖先最重要的就是上半年的「清明節」及下半年的「中元節」；所以要好好的準備，以豐盛的祭品祭祀。「公婆」或「公媽」指的是已經逝世的祖先。

(8) 來，𣍐赴清明；去，𣍐赴七月半。

lai24 be11 hu53　tɕ‘i~33 mia24 k'u11 be11 hu53　tɕ‘it4 gue11 pua11

（由上一句諺語引申而來）笑人做事總是慢半拍，就像祭祀時總是來不及回家享受的祖先一樣慢吞吞而來不及。

(9) 公婆也想壓佛上天？

ko 33 po24 a11　ɕiu11 bek4 a53 put2　tɕiu~11 t'i~55

公婆是指已經去世的祖先，這兒則泛指所有的鬼魂。此諺意謂鬼魂也妄想像神佛一樣登上西天極樂世界，那是不可能的。意指身份地位低的人，是不可能超越身份地位高的人。

(10) 補冬補嘴空。

po24 taŋ 55 po24 ts'ui53 kaŋ 55

民俗在立冬那天要吃補藥或進補食物，事實上是貪嘴藉機吃好的東西。

(11) 冬至眠呷三斤圓仔（一作：三遍圓sa33　bjen53　i~24)，天亦𣍐光。**❾❺**

ta33 tsue53 mi~24　tɕia11 sa33 kun55 i~24 ti~55 ja24 be11 kə ŋ 55

❶ 冬至湯圓
❷ 冬至菜包
❸ 冬至雞母狗

依照澎湖的傳統習俗，冬至那一天都要做一些應景的食物，包括：湯圓、菜包（一稱：菜繭）、雞母狗，皆是用糯米粉捏揉製成，但因冬至那天也是一年中黑夜最長的一天，所以才會說湯圓都做了三次，吃了三回了，天都還不亮呢！

（12）冬至眠多一更，要給人搓圓。

ta33　tsue53 mi~24 ke33 tɕit2 ki~55　bek4 ho11 laŋ 24 so33　i~24

這是形容冬至那一天，是一年中夜晚最長的，好像是老天故意延長時間，讓人們有足夠的時間來做湯圓。

163

（13）圓仔圓滾滾，子孫一大陣。

i~11 e11 i~11 li~53 li11 kja~24 sun55 ʨ it2 tua11 ti~11

這是人們在吃湯圓時念的諺語，目的是希望吃完湯圓後，能為家中帶來多子多孫的好福氣。

（14）冬至嘸豬腳，過年嘸豬頭。

ta33 tsuek2 bo11 tu33 k'a55 kue53 ni24 bo11 tu33 t'au24

因為冬至要進補，很多人會先預訂豬腳來進補，如果等當天才去買豬腳，就買不到了。相同的，過年很多人會先預訂豬頭以祭祀，如果當天才去買，一定也買不到。

（15）十二月尾龍，破到厝邊頭尾窮。

tsap2 ʑi11 ge11 be24 lə ŋ 24 p'ua53 kau53 ts'u53 pi~33 t'au11 be53 k'jə ŋ 24

農曆如果是龍年的十二月就稱為「破月」。男孩子如果生在破月，他家四周鄰居都會被他影響得運氣很不好。

（16）二九暗，歸（一作：一両it2）暝光。

ʑi11 kau24 am11 kui33 mi11 kə ŋ 55

這句是說農曆除夕的晚上不能關燈；要讓整個屋子充滿光亮。

（17）初一、十五兔掀簿。

ts'ue33 it2 tsap2 go33 mje24 hjen33 p'o33

此句是說農曆每個月的初一和十五都是好日子，絕無傷煞，要做什麼事都可以，也不用翻黃曆本查看。

二、宗教信仰

宗教信仰在澎湖是一件隆重的事，居民自古以來對宗教活動就非常熱衷，宗教活動的範疇則包含了：儀式、神祇、神職人員、民眾、及宗教禁忌或規範；隨著各類宗教活動、各種神祇、以及神職人員所流傳下來的諺語，亦爲數不少。以下就陳述之：

（1）若要討錢，等有應公廟作戲時再討。

na11 bek4 t'o24　tɕi~24 tan24 ju55　ŋjəŋ 53 koŋ 11 mjo33 tsue53 hi11 ɕi24　tɕiak4 t'o53

此諺來自山水地區。有應公廟是小廟，除非重修或新建才有可能辦廟會活動，一般來說，數十年頂多一次，所以此諺暗指：永遠討不到錢了。

（2）三月二三媽祖生，三月二五媽祖舅。

sa33 gue11　ʑi11 sa55 ma24 tso24　ɕi55 sa33 gue11　ʑi11 go33 ma24 tso24 ku33

農曆三月二十三日是媽祖的生日，三月二十五日是媽祖弟弟的生日；相傳到了三月二十五這一天，媽祖的弟弟會提著一瓶香油送給媽祖抹頭。

（3）竹篙接接龍，盡看水仙王；竹篙接接撐，盡看媽祖生。

tjək4 ko55　tɕiap4　tɕiap4 loŋ 24 tɕin11 k'ua~11 tsui24 ɕjen33 oŋ 24 tjək4 ko55　tɕiap4　tɕiap4 ti~55　tɕin11 k'ua~11 ma24 tso24 ɕi~55

「盡看」是期盼的意思。媽祖生日是每年農曆三月二十三，水仙王生日則是每年農曆十月十日；從前大家生活比較清苦，只有期待過年、過節拜拜之後可以打打牙祭，而漁民們所祭拜的媽祖和水仙王的生日祭，也成為大家的最愛。

· 水仙宮

（4）媽祖婆請出門，不是風就是雨。

ma24 tso24 po24 tɕ‘ia~53 ts’ut4 məŋ24 m11 ɕi11 hoŋ55 tjo11 ɕi11 ho33

指媽祖一出巡，便是呼風喚雨，天氣大變。引申為一個很少出門的人，一出門就颱風下雨。

（5）九月初八簡古王。

kau24 gue11 ts’ue33 pue53 kaŋ53 ko24 oŋ24

· 赤馬赤樊桃殿

· 柳府王爺

一作：九月初八蕃薯王

kau24 gue11 ts'ue33 pue53 han33 tsu11 oŋ~24

「簡古」是西嶼地區對烏賊或花枝的稱呼。

　農曆九月初八是西嶼鄉赤馬村赤樊桃殿，所供奉三位主神中排行第二位的「柳府王爺」（又稱柳府二王）的生日；這個時節，赤馬外海正從事誘捕烏賊的漁事，因爲柳府王爺是赤馬地區百姓供奉的主神，爲祈求季節性捕烏賊的豐收，遂又稱他爲簡古王。恰此時又是蕃薯收穫的季節，所以也稱柳府二王爺爲蕃薯王。

　(6) 糖糕甜甜，蕃薯會生，糖糕蒸蒸，蕃薯會發。

tə ŋ 11 ko55 ti~33 ti~55 han33 tsu24 e11 Ꞓi55 tə ŋ 11 ko55 p'u53 p'u11 han33 tsu24 e11 pu11

　這是在祭拜蕃薯王時所用的祝禱詞，乃是希望蕃薯能長得茂盛而且大豐收。

　(7) 落番仔教，死嘸人哭。🄰

lo11 huan11 ne24 kau11 Ꞓi24 bo11 la ŋ 11 k'au11

　此句是說如果信仰西洋宗教（如：基督教天主教），死亡時就無人爲他送葬哭泣。因爲這些宗教並不拜祖先，也不點香祝禱，和中國的傳統宗教信仰文化習俗大不相同，故有此諺。顯示出當兩個不同的文化交接

·西嶼教堂

在一起時，必定會有矛盾衝突發生，尤其宗教習俗與思想是衝突得最激烈的地方。

·白沙鄉教會

（8）死童乩，活桌頭。**❾**

Ci24 ta11 ki55 ua11 to53 t'au24

在澎湖地區一般村落祭祀組織中的神職人員有：法師（澎湖人一般稱爲法官）、乩童（澎湖人一般稱爲童乩）、道士（澎湖人一般稱爲西公）、小法（澎湖人一般稱爲小法仔）……等；村落人民的共同祭祀要透過他們才能對神作單向的傳達或溝通，但神欲附身於乩童傳達旨意，必須要有桌頭（澎湖的法師）作法翻譯，才能作好神與人的媒介；所以法師是村廟宗教組織中的最關鍵人物，換言之，乩童是受到桌頭（法師）操縱來顯示神威的。

·乩童（一）

（9）一個乩童，一個桌頭。

tCit2 ge11 taŋ 11 ki55 tCit2 ge11 to53 t'au24

一個是神明的替身，一個是爲神明翻譯的人。比喻兩個人一搭一唱的樣子。

·乩童（二）

（10）師公睏醒，時就到。

sai33　koŋ　55　k'un53　tɕ 'in53　ɕi24　to11　kau11

道士睡醒時，出殯的時刻就
到了。喪家出殯要看時辰，但如果
同一天有很多家出殯，道士要不停
趕場的話，就要配合他們的時間，
有時道士累了，還要讓他休息夠
了，睡醒了，才能進行喪事，所以
等道士醒了，出殯的時間就到了。

· 乩童（三）

（11）師公嘸眠，孝男免睏。

sai33　koŋ　55　bo11　mi24
hau53　lam24　mje24　kun11

· 道士

喪家道士做法事時，一律要遵照他的指示行事，但法事又要依
適當的時辰而定；所以如果道士不休息，那麼孝男等喪家的人也不能
休息。

（12）提嘸三個死囝仔，就想要做土公。❾❽

kua11　bo11　sa33　ge11　ɕi24　gi~11　ne24　to11　ɕju11　bek4
tsue53　t'o24　koŋ　55

「土公」是專門幫忙處理喪事的人，但必須要跟著有經驗的前輩
長期觀摩學習才能出師。此諺是指沒有什麼經驗的土公，都還處理不
到三個小孩子的喪事，就想出師獨當一面。

（13）宮前祖厝後。 **⑨**

kjə ŋ　33　tɕjə ŋ　24　tso24　tsʼu11　au33

意謂居住的房子不宜建在廟的前面，或是祖厝的後面；不宜建在廟的前面是因爲人比神的地位小，不可以檔在神明的前面；不宜建在祖厝的後面，其原因則有兩種說法：一謂子孫房子在祖厝後面，就是要祖先背負子孫，爲子孫服務，這是非常不敬的；另一說則以爲人死後祖先就成爲一種鬼靈，祖厝也就是鬼魂聚集的場所，人若居住在它的後方，意謂著人的地位將會比鬼低，會遭到鬼靈作祟而諸事不安。

（14）宮東祖厝西。

kjə ŋ　33　ta ŋ　55　tso24　tsʼu53　sai55

宮東指的是廟的左方，祖厝西是指在祖厝的右邊。這句是言人的房子不宜建於廟的左方，祖厝的右邊；因爲中國自古以來在位子的排列上就是左尊而右卑，人的地位既然比神小，房子如果建於廟的左側，則位子的排列上就是超越了神，這是很不敬的；而人的地位既然比鬼大，房子如果建於祖厝的右側，則位子的排列上就是被鬼超越了，這是自貶地位的象徵，故人的房子是不可以建於祖厝右側的。

（15）宮前祖厝後，站璯進益。

kjə ŋ 33　tɕjə ŋ 24　tso24　tsʼu53　au33　kʼia11　bue11　tɕin53 jek4

意謂住在廟的前面，或是祖宗祠堂的後面居住，永遠無法出人頭地。

（16）有扶神（一作：有吃就　u11　ｔＣㄝㄧə　iak4　　to11）有行氣，有燒香有保庇，囝仔跋落海嘸代誌。

u11　hu11　Ｃㄝin24　ull　kia~11　k'ill　u11　Ｃㄝjo33　hju~55　u11　po24　pill　ŋ ill　ne24　pua11　lok2　hai53　bo11　tai11　ｔＣㄝill

傳統社會相當相信神明的力量，他們認爲只要平時虔誠的祭拜，遇到事情神明一定會保佑，即使小孩子掉到海中，也會沒事。此諺亦可以引申爲凡事只要有準備，就不用擔心害怕！

（17）一、兩、三、四，驚到嘸代誌。

ｔＣㄝit4　lə ŋ　33　sa55　Ｃㄝi11　kia~55　tjo53　bo33　tai11　Ｃㄝi11

這是長輩爲小孩子收驚時念的語句。

（18）頭牙嘸做尾牙空，尾牙嘸做唔是人。

t'au11　ge24　bo11　tsue11　be24　ge24　k'aŋ　55　be24　ge24　bo11　tsue11　m11　Ｃㄝi11　laŋ　24

指對祖先一定要按時祭拜，才是一個有道德人性、遵守人倫常理的人。

（19）卡聖過紙王爺。

k'ak4　Ｃㄝia~11　kue53　tsua24　o11　ia24

紙王爺是指由專業門師父所糊製，剛迎請上岸供奉在廟中的金身；他們和居民生活的關係可以說是最密切的，因此不管在什麼地方，香火皆很盛；且神威非常靈驗。此諺說比紙王爺更靈驗，是用來稱讚其神威、神力更加強大。

（20）水鬼升城隍。

tsui24 kui53 Ꞓ₎jə ŋ
33 Ꞓ₎jə ŋ 11 hoŋ 24

意謂小卒仔也有機會做上司。城隍是專管小鬼的長官。傳說只要說水鬼心存善念，不抓經過它的水域的人作替身，時機一到就會被閻王爺升任爲該地區陰神之首──城隍爺。

· 馬公城隍廟

（21）小鬼仔呣捌見過大豬頭。

Ꞓ₎jo55 kui53 m11 pat4 ki~53 kue53 tua11 tu33 t'au24

罵一個人是井底之蛙，因爲大豬頭只能拿來拜神明及王爺，不可以拿來拜小鬼魂。

（22）不孝父母，敬神無益。

but4 hau53 pe11 bu53 kjə ŋ 53 Ꞓ₎in24 bu11 jə k4

不孝順父母的人，不管他怎麼孝順神明，神明也不會庇佑他。

（23）歹心肝，癢腸肚，要死就初一、十五，要葬就風甲雨。

p'ai24 Ꞓ₎im33 kua~55 au53 tə ŋ 11 to33 bek4 Ꞓ₎i53 to11 ts'ue33 it4 tsap2 go33 bek4 tsoŋ 11 to11 hoŋ 55 kak4 ho33

　　壞心又好算計的人，死的日子不是初一，就是十五，而且出殯時就颱風下雨。

（24）嘸工做一個粿。

bo11 kaŋ 55 tsue53　tɕit2 ge11 ke53

　　在澎湖地區每逢慶典或祭祀，都要以米粿類當祭品，且以數量越多或規模越大，來代表虔誠與敬意；如果有人沒炊粿祭祀，就會諷刺他太忙碌了。引申爲諷笑人太忙而忘了其他事情。

三、其他

（1）一腳踏升，一腳踏斗。

tɕit2 k'a33 ta11 kun55　tɕit2 k'a33 ta11 tau53

　　這是言新郎結婚時要出門迎娶，必須一腳踩升這種量米器，一腳踩斗這種量米器。

（2）二報嘸草鞋錢。

ʑi11 po11 bo11 tsau24 we11 tɕi~24

　　古時升官或赴京中考，都有專人回老家報喜，最先來報喜的人有優厚的答謝，但後來報喜者，賞金就非常少，少到連買草鞋的錢也沒有。

（3）報死灌水。

po53 ɕi53 kuan53 tsui53

民間風俗，替人去給遠方親戚報喪時，被通知一定要供奉茶水來答謝報訊的人。

（4）落土時，八字命。

lo11 t'o24 $\mathbb{C}_\mathbb{Z}$i24 pue53 $\mathbb{Z}_\mathbb{Z}$i11 mia~33

此句是一種宿命論的說法，意指人一生下來，生辰八字就注定了一生的命運。

（5）千斤力呣值四兩命。

$t\mathbb{C}_\mathbb{Z}$je33 kun33 lat4 mll tat2 $\mathbb{C}_\mathbb{Z}$i53 lju~24 mia~33

一個人的八字若剛好是四兩，在命理學中是命格最好的，是富貴命的象徵。這句是說一個人花了再多努力，他的成就也比不上天生好命的人。

（6）豬肚燉蓮子，只忌白茄枝。

tu33 to33 kun11 lje11 $t\mathbb{C}_\mathbb{Z}$i53 $t\mathbb{C}_\mathbb{Z}$i24 k'i11 bek2 kjo11 ki55

豬肚燉蓮子原為很補的東西，但是一旦用白茄枝當柴火來燉，就不能吃了；因為該物有毒，所以豬肚湯也變得有毒。傳說早期曾有人用這道毒湯，毒死了自己的丈夫。

·豬肚燉蓮子湯

諺 語 出 處

㉟此諺來自張詠捷：《阿公與冬至》（中國時報：36版，1999，12月22日）。

㊱此諺來自高啓進：《記我所知道》，（《硓𥑮石月刊》，10期，1998，3月，澎湖縣立文化中心出版)頁65。

㊲陳憲民：《澎湖村落祭祀的空間研究》，（《硓𥑮石月刊》，4期，1996，9月，澎湖縣立文化中心出版），頁65。

㊳此諺來自張榮旺老師（年54歲，吉貝人移居馬公30多年）採集日期：1999，9月1日。

㊴林晉德著：《神、祖靈、鬼之性質及地位對澎湖祠廟空間之影響》，初版，（澎湖：澎湖縣立文化中心出版，1998，6月），頁132至134。

第七節 傳說典故

一、傳說故事

（1）三公六婆。[100]

sa33 koŋ 55 lak2 po24

意指三十六歲之前就做了祖父母的人。

傳言馬公島的側型很像一隻烏龜，龜的頭在金龍頭（今馬公觀音亭附近），龜的尾在澎南地區的風櫃尾。傳說馬公島本是老龍王的女婿，是他最寵愛的幼女的金龜婿，龍王並賜一頂金冕，委派他鎮守著澎湖這個介於大陸與大洋之間的門戶。早期澎湖尚未有移民前，凡夜晚漁民船隻經過此海域，都會看到龜的頭所戴的金冕，和它所散發的金光，並以此爲夜航的引導光；但是自從島上有了居民之後，金冕就被埋藏了起來，只可見其散發的光芒，再也看不到它的形狀了。傳說只有三十六歲之前做了祖父母的人（也就是俗稱的三公六婆），在農曆八月十五日的晚上，而且該晚要月色無光（即滿月而又有月蝕時）的時候，才能看到那一頂金冕。

（2）紅甕仔墘，黑甕仔蓋，丟過牆，撞燴破。

aŋ 11 a~53 ak4 ki~24 o33 aŋ 53 ak4 kua11 tan53 kue53 tɕⱺ 'ju24 lo53 be11 p'ua11

這是形容有毒植物「雞母株」狀態的諺語。在望安鄉流傳一個雞母株的故事：古時候有兩人同時被懷疑犯罪，但有一人是清白的，審判官於是拿了兩株雞母株叫他們吃下，沒有吃的就代表他心虛不敢

吃，是眞正犯罪的人，淸白的那個人一口就呑下，眞正的犯人卻只含在口中不敢呑下，沒想到呑下的那人沒死，而含著的那個中毒死了！因此被冤枉的人於是沉冤得雪。

（3）有靈公，有靈婆。

u11 ljəŋ11 koŋ55 u11 ljəŋ11 po24

傳說有靈公和有靈婆是一對夫妻，二人尋訪深山，發現仙泉；二人夫妻情深，有靈婆怕泉水有問題，故自己先試喝，覺的得沒問題才讓有靈公喝；但有靈公喝太大口，幾乎把泉水喝完，竟發現泉底有兩行字寫著：先喝此泉者與天地同修，後喝者與本國同壽，二人果然因此而長壽。所以後人以有靈公和有靈婆來稱呼長壽之人，老夫老妻，也可以稱爲「有靈公」和「有靈婆」。

（4）缺嘴福仔牙硬。

k'i53 ts'ui53 hok4 a~53 ge24 ŋi33

傳說缺嘴福仔是七美嶼上一個做錯事不肯承認，甚至以揭發別人過錯，陷害別人爲樂的人。他死後則因爲生前種了這麼多不好的因，所以其子孫大多一生遭遇悲慘。

（5）回仔吃肉，叫同仔出錢。

hue11 e24 tɕia11 bak2 kjo53 toŋ11 e24 tsut4 tɕi~24

此句意思有二：一是指商人將生意上的損失算到顧客頭上的奸商行爲；一是指蠻橫不講理的客人。傳說七美以前有一個無賴叫張阿同，有一天他到市場買肉，要求老闆寫收據，不料老闆將他的名字寫

成「張阿回」，「張阿同」因此不願意付錢，肉也不要了，就要走人，老闆心想肉切了不能再賣給他人，便和張阿同吵了起來，張阿同想既然肉切了不能再賣給他人，便要求乾脆送他算了，老闆則堅持要他付錢，二人爭吵間便罵「回仔吃肉教叫同仔付錢」，這就是此諺的由來。此諺也成爲主顧間爭吵的用語。

（6）芳啊芳！看人吃就挖目睭眶。

p'aŋ 55 a53 p'aŋ 55 k'ua~53 laŋ 11 ʨiak4 to11 o24 bak2 ʨju33 k'aŋ 55

相傳七美從前有一個富人準備了豐盛的祭品要去廟中拜拜，當他跪拜祝禱時，身邊跪了另一個窮人，揉著眼看著那些祭品直流口水；富人於是假裝和自己手中的香柱說話，念了此諺，來諷刺那個窮人。後人就用此諺來諷笑貪吃的人，或是看到美食就流口水的人。

（7）牛呷薯。

gu24 ʨia11 ts'u3

傳說以前西嶼鄉有人假扮乩童，有一次他又站在神轎上隨隊伍遊行，經過自家田地，看到有牛在偷吃他家的蕃薯苗，他想教掌旗的去替他趕牛，於是他便用手中木劍指著田中的牛，口中含糊的喊：「牛呷薯！牛呷薯！牛呷薯！」但掌旗的沒有聽懂，他一急便從轎上跳下，自己去趕牛，他假扮乩童的事實也因此被揭穿了。

（8）山水敗垵，鎖港敗山。

sa33 sui53 pai11 ua~55 ʨjo24 ka53 ppai11 sua~55

一作：鎖港了一粒山，山水了一個垵。

ȶɕjo24 ka53 liau24 ȶɕi2 liap2 sua5 san33 sui53 liau24 ȶɕit2 ge11 ua~55

傳說清乾隆年間，有一次大颱風，（一說是古早時代，有一年的冬天特別長，颳了七、八個月的東北季風）**⑩**，鎖港的山頭被吹崩塌了，而這些沙土則是被吹到山水里的港灣去，把港灣給填平了。

（9）鐵線尾，是王爺窟，放王爺骨。

t'i~53 sua53 be53 ɕi11 oŋ33 ia33 k'ut2 k'əŋ53 oŋ33 ia33 kut2

「鐵線尾」就是今澎南地區的「鐵線里」。這個地區所供奉的「朱府王爺」神通廣大，所以來進駐的客神來得了，都出不去；因為這些客神所搭的船，在他們上岸之後，就被朱府王爺「斬椗索」(即斬斷拋錨的繩索，使船從此無法再靠岸來載客神），所以等到客神想走，就走不了。但是有客神來，居民會依禮用紙糊金身來供奉，現在祂想離開，卻走不了，金身無處供放，只好把它放到後殿，任其毀壞，客神也因而神威大損，久而久之，就沒有客神敢來打擾朱府王爺，以免落得金身毀壞的下場。

（10）又在石成了。

kok4 tek4 ȶɕjo11 ɕia24 a~24

傳說石成是馬公市中央街的人，個性不肯吃虧，事事好與人爭，遇事則以牙還牙；後用以形容這類性格的人。

二、地方典故

（1）澎湖人，台灣牛。

p'i11 o11 la ŋ 24 tai11 uan11 gu24

由於澎湖地區環境惡劣，養成居民吃苦耐勞的個性，再苦的際遇也不怕，就好像台灣的牛一樣，能吃苦耐勞。

（2）澎湖家隹提屎桶。

p'i11 o11 ka33 tsu53 kuan11 ʑ o11 t'a ŋ 53

澎湖家隹是一種白色或略雜黑色羽毛的鳥，體型略似鴿子，被圈養在籠子裡，當賞玩用的鳥。早期澎湖地區的孩子到台灣本島，進入各行各業當學徒時，經遭到欺負，除了各種的雜務，每天早上還要負責倒別人的尿桶；也因為受盡欺凌，更能發奮圖強，有所成就。

（3）東甲好筆尾，南甲好櫓尾，北甲好龜粿。

ta ŋ 33 kak2 ho24 pit4 be53 lam11 kak2 ho24 lo11 be53 pak4 ka53 ho24 ku33 ke53

意謂東甲（今澎湖省立醫遠院以東，啟明里的附近），曾出了兩位舉人：鄭步蟾、鄭鶚翔，以及多位秀才，文風向來鼎盛；南甲（今碼頭與順承門、復興里附近），靠近港口船隻很

· 馬公東甲北極殿

· 馬公南甲威靈殿

· 馬公北甲北辰宮

· 盛興餅舖文物館

多，此地老百姓大多有一身搖櫓的好功夫；北甲（今眞善美戲院以西，長安里附近），早期有很多糕餅店，糕餅烘焙業頗盛。

（4）案山漁火如星斗。

ua~53　sua55　hu11 hue53　Ʒu11　tɕ'i~33　tau53

這本是蔡廷蘭澎湖八景詩❿中的一句，後來便成爲當地的流傳語。

（5）媽宮的蒼蠅，要吃庄腳的肉餅。

ma24　kjəŋ55　e11 ho11　ɕi~24　bek4　tɕ ia11　tsəŋ33　k'a55　e11 ba53　bia~53

指鄉下人在日治時代都吃不飽，哪來肉餅請馬公人吃？

（6）會入虎喉，獪出虎口。❿

e11　Ʒip4　ho24　au24　bek2　ts'ut4　ho24　kau53

· 盛興餅舖的鹹餅（澎湖特產之一）

· 百年老店：盛興餅舖

虎井嶼傳說在地理風水上有一虎穴，是積財之穴，能助居住於當地的人贏財、守財，外地人若來此地賭博或經商，是不可能賺得錢財回去的。

(7) 三代秀才，三代神經病。

sa33 tai33 ʨju53 tsai24 sa33 tai33 ʨjə ŋ11 kjə ŋ33 pi~33

清朝年間澎湖縣只出現過一位進士：蔡廷蘭；秀才則不在少數。而本縣唯一出現過一家三代都是秀才的，只有湖西鄉隘門村的洪光糧、洪天爵、洪庭華一家祖孫三代。尤其是洪庭華，因想效法蔡進士而籌巨資欲赴京城科考，但不幸被福建盜匪強劫一空，只得逃回家鄉；不料，洪家竟然自此家道中落，據說自洪庭華以下三代子孫，不但沒落悽慘，三代竟都得精神分裂症；故後人言「三代秀才，三代神經病」就是指這一家，其境遇令後人不勝唏噓。

· 馬公興仁蔡進士第（一）

・馬公興仁蔡進士第（二）

・蔡進士雕像

・白沙鄉互硐村張百萬故居

（8）龜仔船十三隻。🔟

kull e24 tsun24 tsap2 sa~33 ʨ iak2

　　此諺是用來形容明末清初，澎湖富商張百萬船隊的陣容。張百
萬於明崇禎十年避戰亂卜居白沙大赤崁澳，先從事捕魚工作，後因機
緣發現黑金而致富；清雍正元年，因子孫顯赫而追封懷遠將軍。

·吉貝鐘形石敢當　　　　　　　　·貝木魚形石敢當

（9）一個鐘、一個叩。

ʨit2 ge11　ʨjə ŋ~55　ʨit2 ge11　k'ok2

在吉貝港的左右兩側有兩個造型特殊的石敢當，左爲木魚造型，右爲鐘磬造型；兩者代表佛教殿堂的法器的飾物，用途則爲鎭邪止煞；相傳光復初期，吉貝嶼流行瘟疫，後來在觀音壇的乩童以符水治癒村民，並指示於村落兩側設立法器以除煞氣，並象徵佛祖法力無邊！

（10）真哥呣捌寶，龍涎看作嘸硓砧。

ʨin33　ko55　m11　pat4　po53　loŋ　11　nua~33　k'uaŋ　53　tsue53　moll　lo24　ko53

眞哥就是「洪眞」，是西嶼鄉小池角人士，生於民國前十年四月十四日，死於民國三十八年一月十五日。曾在海邊撿到一大塊龍涎香，但因爲他不知道那是什麼，而把它當硓砧石壓在雞籠上。有一天有一個由澎赴台發展的中藥店老闆回鄉探親，看到此物，因此向洪眞購買，洪眞想不過是塊石頭罷了，就要送他，這個賣中藥的，不敢

185

向洪眞說明其價值，怕洪眞因此提高它的價錢，於是堅持請洪眞出價，最後洪眞以不錯的價格將龍涎香賣出，二人皆大歡喜。

（11）鹹鮏煮米粉，吃了割頷頸。

kiam11 ȵia~24 tsu24 bi24 hun53 tȵia11 liau53 kua53 am11 kun53

「鮏」是指海鯰魚，「鹹鮏」就是用鹽醃製的海鯰魚。

此諺有關一個故事：清朝時代治安較差，盜匪也多；有一天夜晚，小池角陳氏人氏聚眾到緝馬灣打劫，其中有一楊姓富家秀才，見盜匪人多，要求他們只要不去干擾後房他的母親，便由他們強奪所有家產。但仍然有盜匪對其老母親加以騷擾，於是楊秀才在盜匪搶完後，加以跟蹤回其大本營，他躲在屋頂見其瓜分財物，最後還把搶來的醃鯰魚煮米粉吃。後來他差點被發現，所幸逃了回來；逃回後立即報官，加以緝拿。最後將所有盜匪處死，只留下一十四歲少年免死，一方面爲其家留香火，一方面爲此案件做見證，以示毋枉毋縱。由於這些人在被抓之前，都有吃「鹹鮏煮米粉」，所以後來的人就說「吃完鹹鮏煮米粉」，就準備赴死吧！一有開玩笑的意味，二則有警惕的作用。

（12）東窿透西窿。

taŋ33 laŋ55 t'au53 sai33 laŋ55

望安島天台山的東邊山腳下，有一個巨大的海蝕洞，它西邊山腳下也有一個巨大的海蝕洞，相傳兩個洞是相通的。

（13）呷仙水，嘸肥嘛水。

tɕia11　ɕje33　tsu53　bo11　pui24　ma11　sui53

仙水指的是天台山西山腳下的一灘天然泉水，四季不斷；因為天台山向來被傳為仙山，故此泉也被視為仙水。但要取得此泉必須要爬下陡峭的山壁，非常危險，故一但取得此泉，不管其真正有功效與否，都視其為有益人們的東西。

（14）牛卵鞭爆破狗母錵。

gu11　laŋ　11　pi~55　pia53　p'ua53　kau24　bo24　e55

日治時代日人對於病死的牛、豬、羊絕對禁止屠宰，必須加以掩埋；但是因為生活太過困苦，戰爭又使物資極為缺乏，所以仍有人摸黑偷宰。據說有一次有個人分到一支牛鞭回家，後放入煮狗母魚的鍋中烹煮，但不小心便把鍋子打破了，事蹟敗露後被處罰。這句話是在笑人不打自招。

（15）有福吃俗米，嘸福蹲草屑。

u11　hok2　tɕia11　ɕjok2　bi53　mo11　hok2　ku33　ts'au24　p'i53

此諺來自日治時代。言有福氣的人怎麼打仗也不會死，可以安心吃米飯過日子；但是無福的人，一出征就戰死沙場，埋葬土中；蹲草屑就是戰死沙場埋葬在土中的意思。

（16）蕃薯簽撒米。

han33　tsu11　ɕ'iam55　ia11　bi53

以前生活窮困，必須以大量的蕃薯製品混少量的米來當主食，後引申用來形容人的國語程度不好，所以說話必須夾雜國、台語。

（17）天上飛、土腳爬，半天牽銅線，下面量八丈；九女共一夫，有厝嘸人住，有米嘸人吃。

t'i~33 tjə ŋ53 pe55 t'ol1 k'a55 pue24 pua~53 ti~55 k`an33 ta~11 sua11 el1 k'a55 lju~11 pue53 tjo~11 ka24 lu53 kjo11 it4 hu55 u11 ts'u11 bo11 la ŋ 11 tua11 u11 bi53 bo11 la ŋ 24 ʨ iak4

此諺前半段是言日治時代女多而男少的社會現象。後半段是言日治時代因死傷慘重，人口銳減的社會現象。

（18）嘸風颱就嘸水流柴。

bo11 ho ŋ 55 t'ai55 to11 bo11 tsui24 lau11 ts'a24

本縣位於台灣海峽的東南方，大風加大雨會將台灣西岸或大陸東岸的大樹沖下海，而吹到澎湖來。故早期大風雨過後，有些人就會到海邊撿漂流木，擇其可用者加以利用，有時甚至有撿到神的牌位或神明雕像的神奇傳說。

· 海邊的漂流木（即俗稱水流柴）

（19）六出祁山拖老命。

ljok2 ts'ut2 ki33 san55 t'ua33 lau11 mja~33

三國時代諸葛亮曾六次出兵祁山以伐魏，到第六次更是拼著屭弱的生命力伐魏。故此諺是比喻盡全力去作某一件事。

（20）泉州旗竿十八支，嘸值得回塔一個精。

tsuan11 ʨju55 ki11 kuan55 tsap2 pue53 ki55 m11 tat2 tek4 hue24　t'at2　ʨit2 ge11　ʨin55

回塔是泉州的一個地名，曾出過皇后，深得寵愛。此諺意謂泉州雖出現過許多作官的士子，但也比不上回塔出現一個皇后來得顯赫。

三、地方特色

（1）呷土豆，呷到老老老。

ʨia11 t'o11 tau33 ʨ ia11　kau53 lau24 lau11 lau33

澎湖盛產花生，居民視其為長壽的吉祥物，故有此諺。

·土豆加工品：花生糖（一）

·土豆加工品：花生糖（二）

·土豆加工品：花生酥　　　　　　　·土豆加工品：五香花生米

（2）澎湖那有路，台灣會做帝都。

p'i11 o24 na11 u11 lo33 tai11 uan24 e11 tsue53 te53 to55

此諺是說澎湖到台灣如果有陸路可以走，台灣就會產生一個皇帝。這是比喻不可能發生的事。

（3）媽宮人驚吃，鄉下人驚掠。

ma24 kjəŋ55　laŋ24　kia~33　ɕiak4　tsəŋ33　k'a33　laŋ24 kia~33　liak4

比喻馬公人很小氣，怕請客；鄉下人沒見過什麼世面，一聽到警察在抓人，就嚇得躲起來不敢出門。

（4）東衛摎豬，西衛狗地吠。

ta33 ue33 lia11 tu55 sai33 ue33 kau53 tet4 pui11

意謂人們在東衛里殺豬，西衛里的狗卻急得汪汪叫。用來諷刺別人把毫不相干的事物或是談話扯在一起。東衛里和西衛里雖同屬馬公市，但是相距尚有一段不短的距離，古時澎湖有東衛、中衛、西衛

· 東衛社區入口標示　　　　　　　· 西衛社區入口標示

三地，在鄭成功與清廷統治時期，皆爲海軍駐軍之處，主要是防範倭寇、紅毛番的搶劫、偷渡、與走私[105]，故此三地是位於馬公內海的海防要點上，而同有一「衛」字；但因地名相近，經常被弄混淆，故有此諺。今日中衛已不見，只剩東衛與西衛二地。

（5）大城北溝，沫十二尋。

tua11　$\mathcal{C}_e$ia11　pak2　mi33　tsap2　Z_ei11　$t\mathcal{C}_e$im24

大城北是澎湖唯一不靠海的村落，所以不可能有十二尋（一尋爲十尺，也就是一丈）那麼深的溝讓人潛水。這是在諷刺旱鴨子，說一些讓會游水的人不相信的話。

（6）金林投、銀八罩。

kim33　la~11　tau24　gun11　pat4　tau11

指林投村的物產豐富堪稱全澎湖的第一位，望安鄉（古名：八罩嶼）則是第二位。

（7）鼎灣若嘸芹菜葉，也有芹菜腳。

tia~24　uan55　na11　bo11
k'un11　ts'ai53　hjo53　ma11　u11
k'un11　ts'ai53　k'a55

鼎灣所產的芹菜一向很有名，是鼎灣地區的代表物產；早年說聘時，若女方不答應嫁到鼎灣來，會以此諺來說服女方，並向她保證，嫁到此地一定有好日子過。

· 鼎灣社區入口標示

· 鼎灣社區的菜園

（8）東吉查某，西吉菜脯。

taŋ 33 kjet4 tsa33 bo53 sai33 kjet4 ts'ai53 po53

這是早期望安地區流行的一句諺語；指東吉島水土甘美，因此女性特別漂亮，西吉島所醃製的菜脯特別好吃，因為早期電力不普及，在沒有冰箱的情況下，必須將吃不完的菜蔬，醃成酸菜、酸瓜等，後來便成了遠近馳名的小吃。

（9）一空烏籠籠，廈門透廣東。

ʨit2 k`a 55 o33 la53 la11 e11 məŋ 24 t`au53 kəŋ 24 taŋ 55

前句是言西嶼有很多深長的玄武岩洞由外觀之，根本不知其有多深長，後句則是表示一種推測，大概是從廈門到廣東的路途那麼長。並無特別典故，為了押韻而已。

（10）一西流，二吼口。

it4 sai33 lau24 ʑi11 ho24 k'au53

此諺是指出西嶼鄉南北兩端潮流最急的地方，第一處是指西嶼南端：即外垵村港口外的西南方，當潮流最急的時候，海面無風也會有三尺浪高；第二處是在西嶼北端：白沙鄉與通樑村之的吼口，由於島與島之間距離

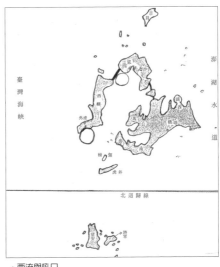

・西流與吼口

近，海底地形狹隘，佈滿暗礁，當潮流最急的時候，可見滾滾翻騰的漩渦，漁民都必須避開此一區域作業，以免發生危險。

（11）一翹、二門、三西流、四夯豆。

ʨit2 kʿiau11 ʑi11 mə ŋ24 sa33 sai33 lau24 ʨi53 haŋ33 tau33

這一句諺語是指出澎湖海域最危險的四個航道，第一處是姑婆嶼與目斗嶼西北海岸一帶；第二處是在小門、合界、橫礁、與通樑之間的吼門海域；第三處是西嶼西南端西嶼到虎井嶼之間的西流海域；第四處是花嶼西方俗稱夯豆的海域。

（12）西嶼嚣（響　hjo　53　），半暝爬起嚷。

sai33 su11 hoŋ 53 pua~53 mi24 pe53 kʿe24 ʑjoŋ~53

關於此諺有兩個解釋。一是農曆初十、十五的前後幾天，在半夜裡會有大退潮，在退潮後、漲潮初之間，是捕魚的好時機，大家必定在半夜裡起來為捕魚而吵鬧，捕魚回來後，也會為了魚獲的買賣而吵嚷不休；所以人們就說西嶼人是半夜就起來吵鬧的。另一說則是指西嶼人在跨海大橋未興建之前，必須配合船期到馬公做買賣，但船往往天未亮就開航，且又

· 西嶼鄉入口處著名的漁翁雕像（西嶼鄉舊名漁翁島）

· 馬公早期商業區，啓明市場（一）

· 啓明市場（二）

早早駛回西嶼；所以，西嶼人必須在馬公商家還在睡夢中時，就要求
作生意，馬公人因此稱他們爲「西嶼鬨」。「鬨」與「嚷」都是吵的
意思。但不管是那種解釋，我們都能體會：西嶼人是非常勤奮辛勞
的。

（13）祖先葬（一作：埋 tai11 ）在酒山 ❶⓿⓺

tso24 ȵen55 tso53 ti11 ʨju24 sua~55

澎湖地區的人多好飲酒，其原因是一天氣寒冷，二生活苦悶，
三環境單純，娛樂較少，如果一個人酒量很好，旁人會用此諺來與他
開玩笑。

（14）田墘窟，有通入，嘸通出。

ts`an11 ki~33 k~ut2 ˙u11 t`aŋ 33　Ʒip4 bo11 t`aŋ 33 tsut2

意謂七美田墘地區（指七美島雙湖國小以西，西湖村一帶的小盆地）的人，很熱情，酒量也很好，如果請人喝酒，一定要客人喝醉，或是喝到極限，才讓客人回家。

諺 語 出 處

⑩此諺來自薛明卿：《澎湖搜奇》，初版，（澎湖：澎湖縣立文化中心出版，1996），頁94至95。

⑩此諺來自楊金燕：《澎南區文化資源集錦》，初版，（澎湖：澎湖縣立文化中心，1998，12月），頁150。

⑩見蔡廷蘭：《海南雜著》，（澎湖：柯蔡宗親會，未出版），頁62。

⑩此諺來自陳石頭(年67，虎井嶼廟祝，一直居住在此嶼未曾離開過)採集時間：1998，9月8日。

⑩此諺來自張新芳編：《吾愛吾鄉………白沙鄉鄉土教材》，初版，（屏東：安可出版公司，1996 6月十日），頁50。

⑩見澎湖縣鄉土教材編輯委員會編：《澎湖鄉土教材……地理篇（下）》，初版，（澎湖縣政府出版，1997，6月），頁28。

⑩此諺來自七美國小許進豐主任，(年58，出生至今皆居於七美，曾任七美鄉第九屆鄉長)採集日期：1997，10月。

第八節 處世箴言

一、事理

（1）食人一口，報人一斗。

tɕia11 laŋ 24　tɕit2 kʼau53 po53 laŋ 24　tɕit2 tau53

意謂受人的恩惠就應該要加倍奉還的意思。

（2）人那有照天理，天才會照甲子。

laŋ 24　na11 u11　tɕiau53 tʼje33 li53 ti~55　tɕiak4 e11
tɕiau53 ka53　tɕi53

一作：人那嘸照天理，天嘛獪照甲子。

laŋ　24　na11 bo11　tɕiau53 tʼje~33 li53 ti~55　ma11 be11
tɕiau53 ka53　tɕi53

言人如果能依天理而行，不做違心之事，那麼天也才會對人仁
慈，不會使人遭受到天災。

（3）千算萬算，咁值得天一劃。

tɕiʼjen33 səŋ 53 ban11 səŋ 11 m11 tat2 tek4 tʼi~55　tɕit2
ue33

比喻人算不如天算。

（4）會賺獪守獪長久，會守獪賺獪穩當。

e11 tʼan11 be11　tɕju53 be11 təŋ 11 ku53 ell　tɕju53 be11
tʼan11 be11 un24 to11

想富有必須要會賺錢、也會守財。

(5) 人兩腳,錢四腳。

laŋ 24　lə ŋ 11　k'a55　ʨi~24　ʨi53 k'a55

比喻一個人花錢的速度,永遠比賺錢的速度快。

(6) 掘力呷力,笨惰吞涎。

kut4 lat4　ʨia11 lat4 pun11 tua33 t'un33 nua33

勤勞的人可以靠自己的力量,自食其力生活下去,懶惰的人只有挨餓的份。吞涎是因為很餓而不斷吞口水止饑的樣子。

(7) 忍氣求財,激氣相刣。

lun24 ki11 kju33 tsai24 kjə k4 k'i11　ʨjo33 t'ai24

意謂忍一時之氣,才能風平浪靜而有所得。

(8) 水一桶繪泵。

tsui53　ʨit2 ta53 be11 poŋ 11

意指一個能力不足的人,他是不會隨意向人炫耀的。

(9) 一個粿一個跡。

ʨit2 ge11 ke53　ʨit2 ge11　ʑiak2

指所有東西的數量都是固定的,不會多也不可能少。

(10) 繪娶某,呣通笑人某行走;繪生子,呣通笑人子行號。

be11 ts'ua11 bo53　m11 t'a~33　ʨ'jo53　laŋ 11
bo53 gau11 tsau53 be11　ʨi~33 kia~53 m11 t'a~33　ʨ'jo53
laŋ 11 kia~53 gau11 hau53

對於自己未經歷過的、或不善長的事,不要取笑別人。

199

（11）教子學泅，呣通教子爬牆。

ka53 kia~53 o11 ʨju24　m11 t'a~33 ka53 kia~53 pe53　ʨ'ju24

意謂父母教育子女的方式與態度要正確。

（12）囝仔怨冇嘸怨少。

gin55 nak4 uan53 bo24 bo11 uan53　ʨjo53

小孩子只會因為沒有東西而埋怨，不會因為東西少而埋怨；所以只要是小孩子，給予他們東西他們皆會很高興。

（13）刺鞋合著腳。

ʨ'i53 ue24 ha11 tjo11 k'a55

「刺鞋」就是」刺皮鞋」，即「手工所作」的皮鞋。

此諺是說鞋匠所隨意做出來的鞋子，竟能剛好合到一個客人的腳。比喻事情真的太湊巧了。

（14）海裡一尾魚，山頂一個主。

hai24 te53 ʨit2 be24 hu24 sua~33 tjəŋ53 ʨit2 ge11 tsu53

意謂海中的某一條魚要歸屬於那一個人都是註定的。這是一種宿命論的說法，意謂天地間的萬事萬物，自有其定數，它將歸天下何人所有，若是上天早就預定好的，強求也無用。

（15）烏仔魚箭水（一作：箭流　兩i~53　lau24）**[107]**。

o11 e24 hu24 ʨi~53 tsui53

「箭流」或「箭水」都是魚類逆流而上的樣子。因水流較急，或水勢較大的地方，氧氣較多，所以魚群往往會有逆流而上的習性。此句是藉由他們往上的樣子，比喻一個人有永不服輸的個性。

（16）魚凡魚，人凡人。

hu24 huan11 hu24 laŋ24　huan11　laŋ24

比喻事情要清楚。

（17）水清魚就定。

tsui53　tɕʰjəŋ~55　hu24　tjo11　tia~33

通常魚會趁水濁時逃逸，一旦水是清澈的，魚在水中就不敢輕舉妄動。此句暗指人的一切行為，和外在環境有密切的關係。

（18）雞屎落土也有三寸煙。

kue33　sai53　lo11　tʰo24　ma11　u11　sa~33　tsʼun53　jen55

即使雞拉下大便，也會冒出三寸的熱氣。比喻再卑微的人也有他的尊嚴。

（19）龜腳（一作：殼　kʼak4）龜內肉。

ku33　kʼa55　ku33　lai11　bak2

烏龜的腳也是烏龜身上的一部分。意指羊毛出在羊身上，是佔不了什麼便宜的。

（20）蟳嘸腳𣍧行。

tɕim24　bo11　kʼa11　be11　kia~24

蟳是海底一種大型蟹類，靠那對大螯及八支長腳，橫行自如，一旦失去了，就動彈不得。比喻一個人要有能力，才能創造環境，發揮作用。

二、人情

（1）一籠糖，十八個頭家。

tɕit2 sə ŋ11 t'ə ŋ24 tsap2 pue53 ge11 t'au11 ke55

指一件事有太多作主的人，有如多頭馬車。

（2）一個查某子，允十八個子婿。

tɕit2 ge11 tsa33 bo24 kia~53 in24 tsap2 pue53 ge11 kia~24 sai11

這是罵人信口開河。

（3）人客來掃地，人客走煎茶。

laŋ 11 k`ek2 lai24 sau53 te11 laŋ 11 k`ek2 tsau53 tsua~33 te24

本指待客緩慢不周，後可引申爲譏諷所有不合時宜的事物。

（4）心歹嘸人知，嘴歹最厲害！

ɕim55 p`ai53bo11 laŋ 11 tsai55 ts`ui11 p`ai53 ɕjoŋ 11 li11 hai33

口舌之快最易惹來禍端，所以事情的好壞要放在心中，不要喜怒形於外。

（5）嚴官府出厚賊。

giam11 kua~33 hu53 ts`ut4 kau11 ts`at4

本指官府管得越嚴，當盜賊的會因此更狡猾、更猖狂、更懂得鑽法律漏洞，正所謂道高一尺，魔高一丈。後來引伸爲越是妻管嚴的丈夫，越會在外面亂來。

(6) 直是直溜溜，彎是菜瓜鬏。

tit4　ɕi11 tit2 lju33 lju55 uan55　ɕi11 tsʻai53 kue33 tɕʻju55

絲瓜的藤蔓直的很直，彎曲的則很捲。意謂一個人講理時很明理，但不講理時則完全不可理喻。

(7) 堤仔腳邊全全步，要展(一作:見真kjen53 in55)沒半步。

tʻe11 e24 kʻa33 pi~55 tsuan33 tsuan33 po33 bek4 tjen53 bo11 pua~53 po33

一作:暗時全步數，天光嘸半步。

am53　ɕi24 tsuan33 po11 so11 ti~55 kə　ŋ55 bo11 pua~53 po33

諷刺一個人平時鬼主意或意見很多，眞正遇到事情時，反而一籌莫展，發揮不了作用。

(8) 呷嘸三把蘿菜，就想要上西天。

tɕia11 bo11 sa~33 pe24 jə ŋ53 tsʻai11 tjo11　ɕju11 bek4 tɕju11 se33 tʻjen55

比喻一個人不自量力，而且空思妄想。

(9) 吃省草，犁快走。

tɕia11　ɕjə ŋ24 tsʻau53 le324 kin24 tsau53

本指吃得少，做得多的牛隻；後引申爲吃得少，做得多的工人。

(10) 放出籠，卡大牛港。

pa~53 tsʻut4 laŋ　53 kʻak4 tua11 gu11 kaŋ　53

牛港是指強壯有力的公牛。比喻人或動物一旦放出籠子外，或是可以控制的範圍，就會不受控制、為所欲為。

（11）一壺金魚，獪堪得一尾丁斑。

tɕit2 o11 kim33 hu24 be11 k`am33 ek4 tɕit2 be24 tjə ŋ33 pan55

丁斑是一種生性兇猛殘暴的鹹水魚，但是金魚的性情就較為溫和；把一尾兇猛的丁斑魚放入一群溫和的金魚之中，必會成為害群之「魚」。故此諺是言團體中害群之馬的可怕。

（12）認餌吃赤蟲。

Zɛin11 hi33 tɕia11 tɕ`ia53 t`aŋ 24

自己或他人，對一個人、或一件事物的好、壞，只由他的外表來判斷。

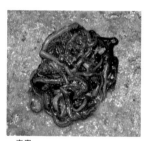

·赤蟲

（13）烏仔魚，幾個鼻孔？

o11 e24 hu24 kui24 ge11 p'i~11 k'aŋ 55

烏仔魚是一種嗅覺很靈敏的魚，所以相當機靈，在西嶼鄉甚至被稱為「鬼魚」。就好像一個機靈而八面玲瓏的人。這句諺語便是諷刺這一類的人。

（14）大鯊綴牛屎印。

tua11 sua~55 tui53 gu24 sai24 in11

牛屎印魚是一種跟著或吸附在大魚身上的魚，牠們靠吃大魚吃剩的食物維生，其特徵是頭部有一類似牛蹄踩過的印記。這句話是用來諷刺那些爪牙，或專業門巴結權貴的小人。

(15) 好好鱟，刣甲屎尿流。

ho24　ho24　hau33　tai11　kak4
sai24　nua11　lau24

好好的一隻鱟魚，處理得亂
七八糟。比喻一個人不會作事，反
而把事情弄得更糟。

(16) 烏狗偷食，白狗受罪。

o33　kau53　t'au33　tɕiak4
be11　kau53　tɕju11　tsue33

這是說犯罪者未被處份，反
而是無罪者代為受罪。

(17) 表个表賬賬，一斤鐃仔
魚四八錢著著，斤三五十七，淨差
一先錢伊就相幹醮。

pjau53　e11　pjau24　tɕiau11
tɕjau33　tɕit2　kun33　tsau11　e24
hu24　tɕiap4　pue53　tɕin24
tiau11　tiau33　kun33　sa55　go11　tsap2　tɕ`it2　tɕjə ŋ33　ts`a33　tɕ
it2　tɕjen33　tɕin24　to11　tɕjo33　kan53　kjau33

此諺暗指「親兄弟，明算帳」，即使是在買賣魚貨時，少付一
分錢也會引起爭吵。

·牛屎印魚

·牛屎印魚頭部特寫─牛蹄印記

·鱟魚

（18）教豬、教狗、不如自己走。

ka53 tu55 ka53 kau53 put4 ʐu24 ka33 ki33 tsau53

意謂求人不如求己，凡事還是自己做較為妥當。

（19）一寮豬嘸一隻能殺的。

tɕit2 liua11 tu55 bo11 tɕit2 tɕiak4 e11 t`ai24 ge11

比喻一個團體（尤指家庭）沒有一個可用之才。

（20）𣍐曉拉絃，顧絞線；𣍐曉唱曲，顧噴涎。

be11 hiau24 gju24 hlen24 ko53 ka24 sua~11 be11 hiau24 tɕ ju~53 k`jək2 ko53 p'un53 nua33

一作：不捌字擱要激喉管。

m11 pat4 ʐi33 kok4 bek4 kjə k4 au11 kə ŋ53

明明不會拉弦樂器，還拼命把絃絞緊，怪絃太鬆，使他拉不好。明明不會唱歌還拼命清嗓子，怪痰與口水阻礙他發聲。這句諺語是在警告人對於自己不善長的事，還是不要裝在行，否則馬上就被人識破了。

（21）𣍐曉駛船嫌溪灣。

be11 hiau24 sai24 tsun24 hiam11 k'ue55 uan55

諷刺別人自己做不好還怪罪別人，就好像一個人明明就不會駕船，還嫌溪流灣曲，害他駕駛不好。

（22）𣍐汩牽拖穿大裘。

be11 ɕju24 k'an33 t'ua55 tɕ'jə ŋ 11 tua11 hju24

不會游泳的人卻推說因為穿了大衣才游不動。比喻一個人事情作不好卻把責任推卸給別人。

(23) 獪洄牽拖流透。

be11 ȵju24 k'an33 t'ua55 lau24 t'au11

不會游泳的人卻推說因為潮流太強,自己才游不動。比喻一個人事情作不好卻把責任推卸給別人。

(24) 人情留一線,日後好相看。

laŋ11 tɕjeŋ24 lau11 tɕit2 suan11 ʑit2 au33 ho24 ȵjo33 k'ua~11

意謂與人相處交際,應為對方留退路,以免日後尷尬難以相對。

(25) 歹勢家己想。

p'ai24 se11 ka33 ki11 ȵju~33

這是和人相處交際時的應酬話。主要是在對方一直表示不好意思時,我們可以用此諺來告訴他,沒有什麼不好意思的。

(26) 屋簷水跟屋簷匯。

mi~11 tɕi~11 tsui53 te53 mi~11 tɕi~11 hue11

這是比喻不好的行為有樣學樣,正所謂上樑不正下樑歪。

(27) 嘸吃人的厝內菜,嘸知人的家內事。

bo11 tɕia11 laŋ11 e11 ts'u53 lai11 ts'ai11 m11 tsai33 laŋ11 e11 ka33 lai11 su33

意指別人家的家務事，並非局外人可以瞭解。此句話也用來勸人：不要過問別人的家務事。

（28）呷飽袂記得飫時。

ʨia11 pa53 be11 kit4 iau55 tit4 ʨi24

諷刺人一旦富有了，就會忘記貧困時候的痛苦；就好像一旦吃飽了，就會忘記飢餓時的痛苦。

（29）夭壽沒身死。

Iau24 ʨju33 bo11 ʨin33 ʨi53

這句話是用來詛咒那些心地不好的人，死無葬身之地！

（30）孤酸，生子沒尻川。

ta33 səŋ55 ʨi~33 kia~53 bo11 k'a33 ts'əŋ55

這是一句罵人的話。「孤酸」是小氣的意思。這是說：小氣的人生出來的小孩子沒有屁眼，是一種受天處罰的徵兆。

（31）孤獨，生子沒腳目。

ko33 tak4 ʨi~33 kia~53 bo11 k'a33 bak4

這是一句罵人的話。「孤獨」是孤癖的意思。這是說孤癖的人生出來的小孩子沒有腳踝，是一個殘廢的孩子；亦是一種受天處罰的徵兆。

（32）矮人行想興❿。

e24 laŋ24 gau11 ʨju11 hjŋ33
一作：矮人厚興

e24 laŋ　24 gua11 hjŋ　33

此諺是指個子小的人通常心胸較爲狹隘，凡事心眼總是比人多些，原因可能是體型上不如人，因自卑心態而造成。

（33）墊人的尻川作面皮。

tsu11 laŋ　24 e11 k'a33 ts'ə ŋ　55 tsue53 bi~11 p'e24

意謂一個人很吝嗇，把別人的東西拿去送人，好當作自己的面子，還一點也不覺得不好意思。

（34）大舌咯興啼。

tua11　tɕit4 ko53 hjə ŋ　53 t'i53

這是罵一個人明明講話大舌頭、不清楚，偏偏又話多好言。

（35）要呷大碗公，要做閃西風。　❿

bek4　tɕiak4 tua11 ua~24 koŋ　55 bek4 tsue11　ɕiam24 sai33 hoŋ　55

意謂東西吃很多，但一叫他做事情，就推得一乾二淨。

（36）擔柴入山內。

ta~33 ts'a24　ʑip2 sua~33 lai33

「內山」就是山上。在山上要收集柴火本來就唾手可得，竟然還挑柴到山上去賣，根本就是多此一舉。此句就是用來諷笑那些多此一舉的人。

（37）小鄉社，卡餓鬼。

ɕjo24 hia33　ɕia11 k'ak4 iau33 kui53

指小村落的人少，但祭祀與鄰近的大村一樣多，吃的祭品也就比較多。比喻人貪心又好吃。

（38）刣豬公毋相請，嫁查某子睨大餅。

t'ai11 tu33 koŋ 55 bo11 ʨjo33 tʨ'ia~53 ke53 tsa33 bo24 kia~53 han11 tua11 pia53

這句是罵人既小氣又貪便宜。

（39）七分茶，八分酒。

tʨ'it4 hun33 te24 pue53 hun33 tʨ ju53

為客人倒茶只能倒杯子的七分滿，倒酒則是八分滿。這是一種待客的基本禮貌。

（40）九頓米糕沒上算，一頓冷糜撿起放。

kau24 təŋ53 bi24 ko55 bo11 tʨ ju~11 səŋ11 tʨ it2 təŋ 53 ljəŋ 24 be24 k'jo53 k'e24 k'əŋ 11

這是在罵一個人只會記仇，而總是忘了別人的恩惠。

（41）做粿嘸包餡。

tsue53 kue53 bo11 pau33 a~33

一作：紅龜包鹹菜

a11 ku55 pau33 kiam11 ts'ai11

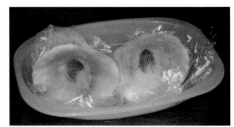

・甜粿

意謂人或事只是虛有其表。

(42) 一先錢打二十四結。

tɕit2 ɕjen33 tɕin24 p'a53 ʑi11 ɕi53 kat2

一作：一個錢打二十四個結

tɕit2 ge11 tɕin24 p'a53 ʑi11 ɕi53 ge11 kat2

這是諷刺一個人一毛不拔，嗜財如命。

(43) 脫褲圍大海。

t'əŋ53 k'o11 ui11 tua11 hai53

脫下褲子，在公共漁場為自己圍出捕魚的勢力範圍。這是比喻一個霸道不講理的人。

(44) 人濟話就濟，五色人說五色話。

laŋ24 tsue33 ue33 to11 tsue33 ŋo24 ɕjək4 laŋ24 koŋ24 ŋo24 ɕjə k4 ue33

比喻人多嘴雜，什麼樣的人就會說出什麼樣的話。

(45) 好歹在心內，嘴唇皮相款待。

ho24 p'ai53 tsai11 ɕim33 lai33 ts'ui53 tun11 p'ue24 ɕjo33 k'uan55 t'ai33

比喻人與人之間相對待的好與壞，大家都心知肚明。

(46) 你看我陪陪，我看你霧霧。

li~55 k'ua53 gua53 p'u11 p'u33 gua24 kua53 li~53 bu11 bu11

意謂兩個人互相輕視，或是互不了解。

（47）細漢若鬱屈，大漢就屈膾落。

sue53 han11 nall ut4 k'ut2 tua11 han11 toll k'ut4 be11 lo53

意謂小時候如果未經塑造或沒有受過挫折，長大之後就會經不起挫折。

（48）近廟欺神。

kun11 mjo33 k'i33 ɕin24

住廟宇附近反而敢欺負神明。比喻越接近官方單位所在，越不守法。

（49）近廟忌神。

kun11 mjo33 ki53 ɕin24

住在廟宇附近，卻忌諱見到神明。比喻越接近官方單位所在，越是守法謹慎。

（50）日時膾使說人。暝時膾使說鬼。

ʑit4 ɕi11 be11 sai24 koŋ24 laŋ24 mi~24 ɕi11 be11 sai24 koŋ24 kui53

白天時莫道人是非，才不會被當事人知道；晚上則不能批評鬼魅，否則鬼魅會來算帳。

（51）人重粧，神重扛。

laŋ24 taŋ11 tsəŋ55 ɕin24 taŋ11 kəŋ55

謂人都是需要打扮的，就像神需要人來扛的道理是一樣的。

（52）鎮位放臭屁。

tin53 ui33 paŋ53 tsau53 p'ui11

霸佔在某一個職位上，沒有什麼作為；乃是諷罵尸位素餐者。

（53）有棺材，嘸靈位。

u11 kua~33 ts'a24 bo11 ljəŋ11 ui33

意指一個人空有其名位，卻無實際作為。

（54）細角地灑龍仔銀，走去赤灣地挈螺仔殼錢。

se53 kak4 te53 ia11 ləŋ11 e24 gun24 tsau24 k'ut4 ʨ'ia53 ua~55 tek4 k'jo53 le11 e24 kak4 ʨi~24

指小池角有人在灑錢不去撿，卻跑到赤馬灣去撿貝殼。比喻現成的便宜不撿，卻跑去遠處空忙一場。

‧赤馬灣

❶ 大頭螺（又名珠蟲）
❷ 鳳螺
❸ 鐘螺
❹ 鵑螺
❺ 芋螺

（55）家己做醫生，尻川爛一爿。

　　ka33 ki33 tsue53 i33　ɕjə ŋ 55　k'a33 ts'ə ŋ 55　lua~11　tɕit2
pjə ŋ 24

比喻醫生技術差，自己都醫不好，更不可能醫治別人；就好像自己事情都處理不好的人，更不可能幫助別人。

（56）看人大細漢。

k`ua~53 laŋ　24 tua11 sue53 han11

看人高大就客氣，看人矮小就不理睬。比喻一個勢利者的行為。

（57）百姓那會和，官廳變嘸蚊。

pe53 ɕi11 na11 e11 ho24 kua~33 t'ia~55 pi53 bo11 ma~53

民眾如果連成一氣，政府就無可奈何。

諺 語 出 處

⑩ 此諺來來自吳瀛濤：《臺灣諺語》，十二版，（台北：臺灣英文出版社，1995，5月），頁704。

⑱ 此諺來自吳川木老師（年55歲，馬公市中山國小教師，原籍白沙，幼時已移居馬公），採集日期：2000年1月10日。

⑩ 此諺來自黃鄭美人（年60歲，湖西鄉西溪村人，出生至今皆居於此地）採集日期：1998，6月。

第九節 笑言謔語

　　所謂的「笑言謔語」，是指是帶有諷刺，卻沒有攻訐意味的玩笑話。作用除了可以發洩小老百姓的情緒，也為平凡單調的生活增加趣味；我們從這些有趣的玩笑話之中，發現人們在辛苦的環境中，還能樂觀地投入生活，很符合海邊人寬闊、樂觀的海洋性格。在一則則笑語中，很快地忘卻生活中的煩悶及辛苦，不啻為找尋快樂的好方法。

　　(1) 火燒金紙店，去給土地公。

hue53 $C_e$jo33 kim33 tsua24 tiam11 k'u53 ho11 t'o24 ti11 koŋ 55

這是在笑人獻空人情。火燒自己的銀紙店，只為了祭祀土地公，不是得不償失嗎？

　　(2) 撿豬屎遇到豬落屎。

k`jo53 tu33 sai53 tu24 tjo11 tu55 lau53 sai53

指一個人運氣不好到極點了！

　　(3) 乞吃假細膩，奸臣假義氣。

k'jə k4 tC_eiak4 ke24 sue53 Z_ei11 kan33 $C_e$in24 ke24 gi11 k'i11

比喻一個人行為太假，令人難以相信。

　　(4) 嘴念阿彌陀，手拿剃頭刀。

ts'ui11 liam11 a33 mi53 to24 tC_e'ju53 gia11 t'i53 t'au11 to55

這是說一個人表面善良，但心地邪惡。

（5）摸你娘二十下尻川才來轉世（一作：才去出世 tɕ iak4 k'ut4 ts'ut4 ɕi11）。

mo33 lin24 nia24 ʑi11 tsap2 e33 k'a33 ts'əŋ55 tɕiak4 lai11 tsuan24 se11

這是諷笑他人極端吝嗇。

（6）鮡掠（一作：抓）起，才袂去窒鮡孔。

t'iau24 liak4 ke11 tɕiak4 bek4 k'uk4 t'at4 t'ia11 k'aŋ55

鮡又名七星斑，是一種表皮紅色，但身上有藍色小班點的石斑魚類；通常用來作生魚片，經濟價值很高。這種魚通常居住在洞穴之中，必須挖洞穴才能捕捉到。這句諺語是笑別人：鮡都已經被別人捉走了，才想到要去尋視鮡的洞穴，等於是去堵那個鮡孔而已；後引申為笑人之語，笑那些好處都已經被人拿走，才想到要去費功夫尋找好處的人，也是在笑那些特別遲鈍、總是慢半拍的人。

（7）外甥像阿舅，鴨仔吃豆腐。

gue11 ɕjəŋ55 ɕ'jəŋ11 a33 kua33 ak4 a53 tɕia tau11 hu33

喻理所當然，不用懷疑。

（8）大尾的唔吃釣，小尾的恰恰跳。

tua11be53 e11 m11 tɕia11 tjo11 sue53 be53 e53 tɕ'iak2 tɕ'iak2 tjo24

意謂大條的魚不來吃，餌小條的魚卻爭著來吃。比喻原本預期事情會有較大的成果，卻只得到預算外的小結果。

（9）嘸魚蝦嘛好。

bo11 hu24 he24 ma11 ho53

一作：嘸蝦鱟嘛好❿。

bo11 he24 hau11 ma11 ho53

　　一個人自我安慰、或安慰別人的話；比喻凡事有就好了，不一定要得到心中最理想的。

·蝦子

·明蝦

·龍蝦

（10）上帝說有影，耶穌爭嘸影。

Ꞔjo11 te11 ko~24 u11 jaŋ 53 ja33 so55 tꞔi~53 bo11 ja~53

早期基督教及天主教剛傳入之時，有些老一輩的人看不慣其作風形式，對其多所懷疑，故會說此諺來以訕笑諷刺；但這是一種開玩笑的作用，並無敵意或攻訐之意。

（11）飼老鼠咬布袋，憨慢先生教落第。

tꞔ'i11 njau24 ts'u53 ka11 po53 te33 han11 ma~11 Ꞔ'je33 Ꞔ'i~55 ka53 lok2 te33

此諺前半段意謂吃裡扒外；後半段意謂笨老師必然教不出什麼有出息的學生。

（12）好吃、好睡、好放屎。

ho24 tꞔiak4 ho24 k'un11 ho24 pa~53 sai53

指一個人無憂無慮地過日子，有時也說傻人才能過著無憂的日子。

（13）開一個鼎，煮一粒螺仔。

k'ui33 tꞔit2 ge11 tia~53 tsu24 tꞔit2 liap2 le11 e11

螺仔指的是小螺螄，為了煮一顆小螺螄，而動用大鍋子。是在笑人花了很多功夫，大費周章去作一件微不足道的事。

（14）豬嘸肥，去肥到狗。

tu55 bo11 pui24 k'ut4 pui11 tjo11 kau53

意謂預期的效果未達到，反而完成了另外的效果。對人則是該得利的未得利，反而是預算外的人得到了利益。

（15）呷想要呷，虱母不抓。

tɕiak4　ɕju11　bek4　tɕiak4　sat4　bo53　m11　liak4

罵一個人好吃懶做而不可取。

（16）一個剃頭，一個扒耳。

tɕit2　ge11　t'i53　t'au24　tɕit2　ge11　pjen33　hi33

扒耳是翻開耳朵，扒動耳朵的動作。此諺語是說一件小小的事，卻要勞動很多人去做；或是一個人沒能力，做事很沒有效率。

（17）內麻不知尾後臭，阿娘仔不知多好猴！⓫

lai11　ba24　m11　tsai33　be24　au11　ts'au11　a33　nju24　ak4　m11　tsai33　lua11　ho24　kau24

「內麻」就是一種大尾而兇猛的石斑魚，牠們嗜吃一種軟體動物，但有時會誤吃一種相似的有毒物名叫「利螺」，一吃就會因中毒而在尾部發生病變，而身上發出惡臭，但牠們卻往往不自知，故言其不自知尾巴臭。後半句「阿娘不知多好猴」，乃意指有些年紀大的老女人，不願承認自己很老了，沾沾自喜說自己是「小姐歐巴桑」或「歐巴桑小姐」，還是漂亮的一朵花。故全諺都是在諷刺那些不自我反省，自以為是的人。

（18）胡椒掛八角。

ho11　tɕjo5　kua53　pue53　kak2

意謂一個人煮飯或說話時添油加醋。

（19）好嘴訴死人。

ho24 ts'ui11 sut2 ʨi24 laŋ24

比喻甜言蜜語可以騙人，讓別人心甘情願為他做事。「訴sut4」在台語中是好言相誘的意思

（20）海鮫抓（一作：袂娶bek4　ts'ua11）丁香做某，媽咪笑到歪嘴，紅目睭目到目睭紅。⑫

hai24 aŋ55 lia11 tjəŋ33 hui~55 tsue53 bo53 ma~55 mi55 ʨ'jo53 kak4 uai33 ts'ui11 aŋ11 bak2 k'oŋ~55 bak2 kak4 bak2 k'o~55 haŋ24

這是用句笑話來突顯四種魚的特徵：「海鮫」就是鯨魚，它很巨大；「丁香」就是丁香魚，它卻很微小；丁香魚的微小恰與鯨魚的巨大成對比。媽咪就是比目魚，它的眼睛在同一邊；紅目睭則是一種眼睛呈紅色的魚類，這是牠的最大特徵，但經濟價值不高。第一句有時也用來諷刺不相稱的事物。

·比目魚（又叫媽咪）

·紅目睭

（21）慢牛吃濁水。

ban11 gu24　ʨia11 lo11 tsui53

笑人動作慢而失去先機。

（22）閒甲抓蝨母相咬。

jəŋ11 kak4 lia11 sat4 bo53 ɕjo33 ka33

此諺意指一個人非常清閒，甚至閒到無聊得受不了！

（23）吃芭樂放槍子，吃柚子放蝦米。

tɕia11 pa24 la53 paŋ53 tɕ'jəŋ53 tɕi53 tɕia11 ju33 a53 pa~53 hell bi53

這句話是說人消化不良。前一句是說因吃了蕃石榴而便秘；後一句則是說吃柚子後，它的果囊仍完整地排洩出來，每一枚都白白的，有如小蝦米一樣。

（24）囝仔人放屎，脹死烏仔魚。

gi~11 ne24 laŋ24 pa~53 sai53 tju53 ɕi24 o11 e24 hu24

「烏仔魚」也是一種垃圾魚，以其他的魚的大便爲食物。此諺語意謂小孩子拉了一堆大便，就足以讓水中的烏仔魚吃到飽死。比喻人雖小，能惹出來的事、或是其影響力卻很大。

（25）賭師父，睏樓仔頂。

kiau24 sai33 hu33 k'un53 lau11 e24 tjəŋ53

「賭師父」是指那些精於賭博，或常賭博的人。「樓仔頂」則是舊式房子在屋頂搭建出來的小棚架。此句是說賭師父賭輸了、或累了，就在屋頂的小棚架休息，但一聽到房中賭具的響聲，又忍不住探下頭來看，甚至插嘴指示賭局的進行；而眞正在賭的人受不了了，就用此諺叫他安靜睡吧！

（26）七仔嘜冤笑八仔。

t₵'it2 e11 m11 mje24 t₵'jo53 pue11 e11

比喻兩個人實力相當，不用在那裡五十步笑百步。

（27）貓仔坮貼石頭母。

niau11 e24 k'i24 ta53 t₵jo11 t'au11 bo53

「貓仔坮」是一種淺海地區黏附在岩石上生長的軟體動物，沒有介殼覆蓋，且身上長滿了小瘤；用這種動物來形勢容小嬰孩纏貼在母親身上的樣子。

（28）偎板板裂，偎柱柱折，偎牆牆倒，偎豬巢死豬母。

ua24 paŋ 55 paŋ 55 lit4 ua24 t'iau11 t'iau11 t₵it4 ua24 t₵'ju~24 t₵'ju24 to53 ua24 tu33 tiau24 ₵i24 tu33 bo53

此諺是諷笑一個人倒楣到了極點，做任何事皆失敗。

（29）博士博，博到戴紙簏。

pok4 su11 pok2 pok4 kau53 ti53 tsua24 lok2

這是在諷刺一個人自稱學問淵博，但事實上並不是如此。

（30）俗物吃到破家。

₵jok2 mək4 t₵ia11 kau53 p'ua53 ke55

笑人貪小便宜，反倒吃虧，花再多錢也沒有用，最後還因此花光了所有的錢。

（31）仙屎嘸呷，呷乞食屎。

ɕjen33 sai53 m11　tɕak4 tɕia11 k'jək4　tɕia11 sai53

比喻捨棄好的東西，卻要不好的東西。

（32）六面骰子，打嘸一面。

lak2 bi11 tau11 e11 p'a53 bo11　tɕit2 b~33

比喻一個人做事，一點把握也沒有。

（33）五斤蕃薯，臭八十一兩。

go11 kun33 han33 tsu24 ts'au53 pue53 tsap2 it4 lju53

五斤蕃薯照理說只有八十兩，卻能臭到八十一兩的份量，表示
很糟糕；所以此諺是用來罵一個人本要解決問題，沒想到卻把問題弄
得更糟。

（34）抬水桶塞窗。

kə ŋ33 sui24　t'aŋ 53 t'an4 t'aŋ 55

水桶本來是用來接屋頂的漏雨，卻拿去塞窗戶的縫隙，以免窗
戶漏雨進來；故是言其物非所用。

（35）捌算嘸捌除，糴米換蕃薯。

pat4 sə ŋ11 m11 pat4 tu24 tjak4 bi53 ua~11 han33 tsu24

比喻一個愚昧的人，買價值高的米去換價值低的地瓜。早期澎
湖居民多窮困，只有家境好的人，才能以米為主食；一般居民只吃得
起地瓜這類雜糧，但今日景況大不相同，有時地瓜的價格，比白米還
高許多。

（36）歪嘴雞，呷好米。（一作：賢討呷gau11 t'o24 ʨia11。）

uai33 ts'ui53 kue55　ʨia11 ho24 bi53

指挑嘴的人自然比較挑食，也懂得找好吃的東西吃。此處用雞啄食的樣子，比喻人的挑嘴，形象極為生動。

（37）囝仔人有耳嘸嘴，有尻川𣍐放屁。

gi~11 ne24 laŋ　24 u11 hi33 bo11 ts'ui11 u11　k'a33 tsəŋ55 be11 pa~53 p'ui11

指小孩子不懂事就不要亂講話。

（38）老人囝仔性。

lau11 laŋ24　ŋi11 ne24　Cejəŋ11

指老人家年紀越大，反而個性越像小孩子。

（39）大个哪嘸呆，小个嘸賺吃。

tua33 e2 na11 bo11 tai55 sue11 e2 bo11 t`an53　ʨjak4

指個子大的人通常反應較慢，呆頭呆腦的；但是個子小的反應快而機靈，那是因為老天爺為了公平，讓個子小的人在體形上雖不如個兒大的，但在頭腦機智上尚有勝人之處的緣故。

（40）放屎攏𣍐顧扐褲。

paŋ53　sai53　loŋ　24　be11 ko53 liək2 k'o11

便大完來不及穿褲子；比喻時間非常緊迫急切。

（41）平平路摔（一作：跋pua11）死一隻笨豬母。

pi~11 pi~11 lo11 ȵiak4 ȵi24 ʨit2 ʨiak4 pun11 tu33 bo53

諷刺一個笨拙的人，在平坦的路上竟然會跌倒！

（42）著老猴，睏暗頭。

tjo11 lau11 kau24 k'un53 am53 t'au24

老人家天剛暗就上床睡覺，天一亮就起來。如果有壯年人也這樣，就會以此諺來譏諷他。

（43）呷一肚，落一褲。

ʨia11 ʨit2 to33 lau53 ʨit2 k'o11

吃得飽飽的卻拉了一褲子。比喻一個人只會吃飯不會做事。

（44）嘸呷烏豆，擱會放烏豆屎！

bo11 ʨia11 o33 tau33 kok4 e11 paŋ53 o33 tau11 sai53

沒吃黑豆，竟會拉像黑豆的大便。此諺有兩個衍義：一是說事情子虛烏有；一是說事出必有因，要追查清楚。使用時則是帶著疑問句。

諺 語 出 處

⑩此說來自澎湖時報編輯部：（澎湖時報：6版1999，10月10日）。

⑪此諺來自陳桂蘭先生（年78歲，居住虎井70年，後因年事已高，故移居高雄
與兒子同住）採集日期：1998，9月10日。

⑫此諺來自林文鎮等人編：《湖西鄉土誌略》，初版，（澎湖縣采風文化學會出
版，1997，6月），頁83。

第十節 歇後語

「歇後語」是民間文學當中一種相當特殊的形式，由於它和諺語一樣短小但是寓意深刻，所以大多被納入諺語的範圍之中，大陸學者陳克認為：

歇後語是中國民間俗語的一種特殊形式，所謂「歇後」就是把一句話分成兩部分，前一部分描述出一種情態或形象，然後根據前一部分的內容引出後一部分的主題，或者「語末之詞隱而不言，謂之歇後」；這種曲折的表達方式，與古代的比興、隱喻等方式是一脈相承的。⓭

民間文學研究學者高國藩先生亦言：

「歇後語」是人民群眾中流行的一種詼諧形象，而具有文學性的藝術語言，可以把它看成是人民語言中一種表現智慧話，它像諺語一樣活在人民的口頭上；⋯⋯⋯一般歇後語都是由這樣的兩部分構成的：前半部是打一個比方，是一種假托語，作用只在於提示或解說後語；後半部便是這個比方的解釋，才是目的語。⓮

對於他們的看法，筆者是贊同的，故亦將歇後語歸入本論文的諺語之中，在所收到的歇後語中，先民用各種不同的的對象來比喻，有的是諧音，有的是形象相近，但都是在他們的「生活」中去取材，故更顯出其真實性與鄉土性。

（1）小卷、花枝。——嘸血嘸目屎 ⓫。

Ȼjo24 kə ŋ 53 hue33 ki55 bo11 heuk2 bo11 bak2 sai53

意指一個人沒有感情，是冷血動物，就像小卷及花枝這些頭足動物一樣，是沒有血液的。

·魚干

·魷魚

·小卷加工品

·小管

(2) 青嘴。──白吃。

tɕ'i~33 ts'ui11 pek2 tɕiak4

這句諺語是因對仗而形成的,並無典故可考。青對白,皆為光亮的冷色系;嘴是用來吃的,故用吃與嘴相對。

(3) 蟳。──大蟹(大舌)!

tɕim24 tua11 tɕi53

蟳是一種身型較為巨大的蟹類,故言蟳,──大蟹。而「大蟹」又和「大舌」,即大舌頭諧音,故此諺是用來笑諷大舌頭的人。

(4) 台灣蟳。──嘸膏!**⑯**。

tai33 uan33 tɕim24 bo33 ko55

這句話是用來恥笑人沒有學問。就諺語本身而言,有著澎湖的本位主義,但是這是澎湖人的自信與自豪,亦值得認同。

(5) 獅刀魚,無腸無肚拿一把膽。──尚勇!。

sai33 to33 hu24 bo11 tə24 bo11 to33 ɕia11 jo53 tɕit2 pe24 ta~53, ɕjo11 jo53

因為獅刀魚是一種肚內膽臟很大,胃與腸子很小的魚。而我們經常用「大膽」來形容勇敢的人,恰與此魚生理狀況相同;所以就用此魚來比擬勇敢的人。

(6) 番仔刣迦納。──硬硬花。

hua33 na53 t'ai11 ka33 lak4 ŋi11 ŋi11 hue55

一作：番仔刣迦納。——燴攔假行！

hua33 na53 t'ai11 ka33 lak4 be33 kok4 ke24 gau24

番仔是指山地人，由於山地人對海產是很陌生的，因此他們處理魚的技術一定很不好，把迦納這種高級魚弄得亂七八糟。此諺意指外行人把一件事弄得一塌糊塗，此處以山地原住民爲喻，並無輕視之意，只是要突顯山地與海洋兩者生活環境的差異。

（7）海嘸蓋蓋。——要死快去！

hai53 bo11 k'am53 kua11 bek4　Ȼi53 ki24 k'u11

這是在諷罵那些自尋短見的人。

（8）澎湖佳錐。——無情！

p'i11 o11 ka33 tsu53 bo11　tȻjəŋ24

「佳錐」是一種類似鴿子的鳥，羽毛潔白，每一個時辰會叫一次，又被稱爲報更鳥。但本性呆笨，一但飛走，就一去不復返；台灣本島一些可憐的少女，因不幸遭本縣青年男子遺棄，就用這種鳥比喻這些無情而一去不回的男子。

（9）老鼠縮入牛角。——穩戳戳！

niau24 ts'u53 tsəŋ53　Ʒip2 gu11 kak2 un24 tat2 tat2

當老鼠縮進牛角之中，他自以爲躲在其中，萬無一失，其實在旁人眼中，這是自尋死路的死胡同。這是旁觀者評當事者陷入絕境的一句話。

（10）矮猴爬壁。──欠揍（欠梯）！。

e24 kau24 pe53 pia53 k'iam53 t'ui55

矮小的人爬牆是一定爬不上去的，因爲沒有梯子，即此諺是用「欠梯」與「欠揍」的諧音來諷笑人欠揍。

（11）燕子牙槽。──鐵齒。

ŋi~53 a53 gell tso24　t'i53 k'i53

用雪花鴨嘴燕的牙槽來形容人的嘴硬。

（12）雞嘴變鴨嘴。──扁牙。

kue33 ts'ui11 pi53 a53 ts'ui11 pi~24　ge24

雞的尖嘴巴變成鴨子的扁嘴巴，代表牙齒扁了，也代表講話講輸了別人，無話可說了！

（13）牽豬哥。──賺暢！

kan33 tu33 koŋ　t'an24　t'joll

趕公豬配種的所得，視日後該母豬所生的豬仔多少來依比例分紅。因此牽一趟豬公，並無所得，只是配種時賺得觀賞的一場樂趣而已。

（14）米粉筶。──百百孔。

bi24 hun24 t'ai55pa53 pa53 k'aŋ55

比喻漏洞百出，就像竹製筶米竹框一樣。

（15）老鼠踢落米甕。——餼膾死！

niau24 ts'u53 t'at4 lo11 bi24 aŋ 11 iau33 bell Ⅽ̧i53

意謂一個人在一個不至於困頓挨餓的環境之中。

（16）貓呷鹽。——裯死兮。

niau55 tⅭ̧ia11 iam24 tsun11 Ⅽ̧i53 e11

指其有如貓吃鹽巴，是存心送死的。

（17）澎湖菜瓜。——十稜（雜念）。

p'i11 o11 tsai53 kue55 tsap2 liam33

澎湖的絲瓜是角形絲瓜，形狀一稜一稜的，每一個瓜都共有十稜。「十稜」的發音與「雜念」的發音相近，故以此影射，說那些喜歡叨叨絮絮、說個不停的人，是澎湖菜瓜！

（18）澎湖菜瓜。——仝款！

p'i11 o11 tsai53 kue55 kaŋ 11 k'uan53

意謂所有的東西或人都一樣，如同所有的澎湖絲瓜，都有十個稜角。

·攀爬在砝砧石牆上的絲瓜

·澎湖絲瓜特寫

(19) 六月芥菜。——假有心。

lak2 gue11 kua53 ts'ai11 ke24 u11　Ȼim55

六月份的時候，芥菜根本不會抽心開花，如果有人說他的芥菜在六月長出芥菜心，那一定是假的，這句話是在諷笑那些說話有口無心的人。

(20) 舉鋤頭扒心肝。——清心。

gia11 tu11 t'au24 pe11　Ȼim33 kua55　tȻ'jə ŋ33 Ȼim55

比喻挖得非常乾淨。

(21) 和尚頭掛橄欖。——艙穩！

he11　Ȼju11 t'au24 kua53 ka~33 na533 be11 un53

意指處境或情勢並不穩當。

(22) 卵鳥綁大索。——歹算。

lan11　tȻiau53 pak2 tua11 so53 p'ai24 sə ŋ11

在生殖器上綁上大繩索，不可能綁得緊。「綁緊」這個動作的音，與「歹算」這個的音相近。

(23) 頷頸生瘤。——拄著！

am11 kun53　Ȼi32 lui24 tu53 tjo11

一個人甲狀腺腫大，或是在脖子上長瘤時，脖子就會因為被瘤抵住而動彈不得；此諺是用來說一個人碰到不如意或難作的事時，卻不得不做的窘困。

（24）著囝仔精（一作：沙 sua55）。——別人會汝瘡曉。

tjoll ɳill ne24 tɕi~55 pak2 laɳ 24 e33 lu24 be11 hiau53

褶著囝仔精的人會一直跳。故原本是說是別人在跳，又不是你在跳。後來引申爲是別人會做又不是你會做！

（25）西溪帝公。——大軀❶❼！

sai33 k'ue33 te53 ko 55 tua11 su55

據說從前湖西鄉紅羅村的人，和鄰村西溪村的人，共同供奉位於紅羅村的上帝公廟。二村每年輪流負責廟中事務及祭典；負責的那一村就要把祭拜過的牲禮、龜、粿送給另一村。紅羅村民因從事泥水工業爲多，所以多以畚箕盛禮送之，後來，西溪村民因畚箕多不潔而抗議，要求改變；但紅羅村民以畚箕都用新的，不可能不乾淨爲由，認爲西溪村太挑剔，故後來西溪村民就聚資在西溪村蓋一新廟，不再

・西溪北極殿

供奉紅羅村的帝公。但二村
因此相拼「神像大小」互相
比賽，因比較的時機多在帝
公出巡時，但神像越來越
大，神轎就裝不下，西溪村
民於是想出做一頂可隨時拆
卸調整的神轎，這樣就可以
做很大的神像，也不會有裝
運的問題，所以西溪就以大
神像贏了比較，大大出名。
後來只要提到西溪的帝公，
就會想到神像很大尊。此語
後來也成為賭徒的暗語，凡
輸得很慘又不想明言，就會
說自己是「西溪帝公」。
「大軀」即「大輸」的諧音。

· 西溪帝公神像

（26）請鬼提藥單。──顛倒死！

tɕʻia~53 kui53 tʻe11 jo11 tua~55 tjen33 to53　ɕi53

請鬼這個索命的使者開的藥單，吃了之後必定一命嗚呼。比喻
所託非人。

（27）西仔打澎湖。──嘸夠本！

sai33 ak53 pʻa53 pʻi~11 o24 bo11 kau53 pun53

「西仔」就是我們俗稱的紅毛番，也就是荷蘭人。傳說清朝時代荷蘭人攻打澎湖之役，因為攻打澎湖的這支軍隊，不曉得攻打大陸的主力隊已獲勝講和，已與清政府談判在先，打完仗之後還賠償澎軍的損失。故此諺用來比喻做生意血本無歸、大賠錢的意思。

(28) 日本銅鼎。──嘸才！

Ʒit2 pun24 ta~11 tia~53 bo11 tsai24

台灣早期所鑄的鼎，有一似碗的底座，稱為「鼎臍」，但日人據台後，台人才發現日人用的鼎不鑄此座，故被稱為無臍之鼎。與「無才」恰諧音；不過此諺只以物像為喻，並非突顯民族的對立。

(29) 廣東眼鏡。──在人掛。

kəŋ24 taŋ55 bak2 kia~11 tsai11 laŋ11 kua11

意謂很多事情，都是見人見智。

(30) 被內猜旦。──胡八猜！

p'e11 lai33 jo53 tua~11 o33 pe11 jok2

意謂看完了戲，才回家猜何人飾演何角色，因已無法求證了，所以說是亂猜瞎猜的。

(31) 三姑作滿月。──講暢！

sa33 ko55 tsue53 mua24 gek4 ko24 t'jo11

三姑是指年紀很大的老女人，已失去生育能力。故她說自己做滿月，只是說著高興的，根本不可能發生。

（32）大肚新娘招尪。—— 一舉兩得！

tua11 to11 ʨin33 nju24 ʨjo33 aŋ 55 it4 ku53 ljo24 tək2

指未婚媽媽結婚，得子又得夫。

（33）四十錢拖二厘。——三八。

ʨi53 tsap2 ʨi~24 tua33 lə ŋ11 li24 san33 pat2

拖是減去的意思，四十錢減去二厘是剩三十八錢，故是間接罵人三八之意。

（34）米甕摃銅鐘。——空！空！

bi24 aŋ11 ko53 taŋ33 ʨjə ŋ55 k'oŋ 55 k'oŋ 55

米甕中都空空的，比喻一貧如洗。

（35）鏡拄鏡。—— 一清二楚！

kia11 tu24 kia11 it4 ʨjə ŋ55 ʑi11 ts'o53

比喻前後左右都看得非常清楚。

（36）士象全。——等君。

su11 ʨ'ju~11 tsua~24 tan24 kun55

意指大家都來了，只缺一人；因為四色牌的王就是將或帥，王就是君王，簡稱「君」。

　　以上所收三十六則歇後語不管是用動物、植物、物品、或者人物當作比喻的對象，都帶有俏皮、戲謔的意味；可見在使用歇後語時，是帶著輕鬆開玩笑的語氣，或許這就是先民用來調劑生活最好的語言形式吧！

諺 語 出 處

🔢 見陳克編著：《中國語言民俗》，一版一刷，（天津：人民出版社，1993，1月），頁224。

🔢 見高國藩：《中國民間文學》，初版，（臺灣：學生書局，1995，9月），頁577。

🔢 見莊永明：《臺灣雅言巧語……臺灣諺語淺釋（五）》，四版，（台北：時報文化出版公司，199924月6日），頁204。

🔢 此諺來自方南強編著：《大家來說臺灣諺語》，初版，（臺北：時報文化出版公司，1993，12月25日），頁204。

🔢 此諺來自余光弘：《澎湖歇後語介紹》，（《硓𥑮石月刊》，13期，1998，3月，澎湖縣立文化中心出版）頁51至52。

第3章

澎湖諺語的含象 ▶

● 第三章　澎湖諺語的含象

第一節　澎湖人的心理特色

　　澎湖地區的氣候環境，生產環境，可以說是百分之百的「靠天吃飯」。每年六個月的季風吹襲、鹹乾的土質，少雨乾燥的氣候，讓農業生產根本無法自足；唯一能賴以爲生的「海洋」，又是那麼的無情多變，潮汐高低、浪潮大小、海相穩定與否、季節轉移、魚汛來往、⋯⋯等等，無論農業或漁業上的因素，都不是人們努力就可以改變；亦因爲自然環境有太多人力無法控制的因素，使得從宋代至今就移民至此的漢人，在經過長期的適應後，心態上有許多轉變，形成了專屬於澎湖人特色的性格與心理，這些心理包括（一）對天的不確定感；（二）認命的心態；（三）對宗教的強烈依賴；第一、第二點我們將在此節作探討，至於第三點由於與澎湖的宗教信仰有關，故留至第二節再予以深入討論。

　　先談「對天的不確定感」。造成這種心理現象的最大原因，是對於環境的恐懼，澎湖人以「討海」二字來形自己的捕魚生活，這種「討」字的悲哀感，是農業生活的「做（田）」人無法想像的。

　　人力所能自主之春耕、夏耘之外，舉凡天氣之風、雨、水、旱，自然界之飛禽、走獸、昆蟲⋯⋯⋯⋯等影響收成之因素，皆人力無法控制，縱有人爲之努力，亦無法保障收成之必然豐碩，因此中國人認爲豐收之功勞非人所得獨佔，必與天地自然共享。❶

以上所言是農業生產的不安；農業畢竟有做大多就有收，但是在海上有討卻不見得有得，有時出海數天，卻因種種因素，如：潮汐、天候、魚汛等原因，空船而回；對澎湖居民而言，他們除了要害怕農業生產所面臨的相同危機之外，他們更要擔心大海隨時的吞噬：

沿海居民其從事販海捕魚者，終年出入海上，難免有朝不保夕之感……。❷

所謂「討海嘸時海」，就是這個原因；為了讓自己每一次出海都能有收穫，澎湖漁民觀察天相、海相，歸納出許多與捕魚有關的諺語，其目的就在於為了蠡測未知的天、善變的海，來求得一較安全的生存模式，這種對自然的蠡測，是人類發展過程當中一種相當正常的心態。

另一個因為環境惡劣所形成性格上最大的特色是「認命」的心理，中國人在儒家思想的薰陶之下，雖主張要「知天命」，但是那畢竟只是以所謂的知識份子為主的思考模式。對一般沒有受教機會的升斗小民而言，與其求和上天相爭，或作抽象性的思考，不如安份守己地求三餐溫飽。在澎人的心態上更是如此，三餐都吃不飽，一趟出海都不知能不能有命活至下一次，何須去想那麼多呢？人力既無法相爭，天意既無法預測，何不隨遇而安？或許有人會認為這是一種消極逃避的心態，但這才是屬於民間的樂觀想法；因為一般老百姓想法是相當單純的，他們既不似文人的多愁善感，也不會像失志者的忿世嫉俗，他們只是安於現狀，用平常心去面對他們在所處環境中所可能遭受的一切挫折危險。當環境可以靠努力有所得或有所改變時，他們主張要努力刻苦。如諺言：「送伊魚，卡輸送伊一支釣竿」，就是說人

要學會自力更生，不能有依賴的心態；又言：「掘力呷力，笨惰吞涎」，則是勸人要努力，才有得吃穿；「一代癲，一代賢，一代背茭織，一代掛吊聯」、「好額繪過三代」，則勸人要努力才能永保無虞；因此澎湖居民還是先肯定要經過人的努力來面對環境的一切。然而當人力無法成承受時，則要用樂觀的態度去面對，所謂「行船走馬三分命」、「死那睏刣頭那槍子」、「嘸煩嘸惱一仙呷甲那阿不倒」…………等等，所說的是：對於命運好壞、環境的吉凶，安適地接受它們的存在，不必自怨自艾；這種樂天的認命觀，也是海洋民族才可能擁有的。

人的潛力是無限的，人也不斷應用他們的潛力以適應環境。誠如《文化模式》一書所說：「生活的經歷、環境壓力、特別是人類的豐富想像力，由於這三種因素的推引，人類設計出無數種使社會得以維持下去的方策。………不同的環境有不同的要求，人類必須從事不同的活動。」❸就心態上而言，人類都是如此發展的；人們除了適應環境去從事各種不同的活動，他們也因著環境去改變原有的內在思考模式，以適應環境的變化。從數百年來的澎湖人身上，我們找到了具有說服力的明證。

諺 語 出 處

❶見蔡相輝編著：《臺灣社會文化史》，初版二刷，（臺北：空中大學出版，19991月），頁200。

❷見蔡相輝編著：《臺灣社會文化史》，初版二刷，（臺北：空中大學出版，19991月），頁206。

❸見潘乃德（R.Benedict）著、黃道琳譯：《文化模式Patterns　of　Culture》，一版，（台北：巨流出版社，1976），頁31至33。

第二節　宗教信仰的繁盛

　　澎湖地區宗教的興盛自古而然，我們仍可以由以下的現象窺知其一、二。第一個是宗教祭典的頻繁；每年自正月開正門開始，至該年除夕的晚間祭祖為止，澎湖人小至家庭，大至公廟，或是社區中心廟宇，一年中大大小小祭典不下數百，規模雖是大小不一，祭祀的對象也不盡相同，但澎人重視與虔誠的心態卻都是相同的；即使是旅居在外的人，一旦遇到故鄉廟宇的慶典，往往也專程趕回，由此可見宗教信仰的力量。第二個現象是在澎湖每一個村落，雖然貧、富的經濟狀況不一，但是每一個社區的中心廟宇必定都建造得宏偉巨大，富麗堂皇，其目的亦是居民為表對神明的崇敬。

　　至於澎湖地區的宗教活動為什麼如此興盛？居民為什麼對於宗教活動如此重視？陳信雄教授在他的〈從廟宇的發展窺視澎湖的開拓史〉一文中分析出四個原因：一是在歷史背景上，澎湖的移民多來自信鬼好巫的閩南地區；二是澎人經歷驚險的移民旅程，心靈大多脆弱；三是自然環境惡劣，農業生產不易且生產量又少，居民生活經常無以為繼；四是島嶼群居於航海要衝，以致經常遭遇大大小小的戰役與略奪。❹筆者以為，除此之外，由於澎湖以漁業為主要產業，生活不可能如農業社會般收入穩定，工作環境亦時時充滿危險，也是造成澎湖人必須仰賴宗教來安定心靈的第五個原因。漁村中生活品質低落，衛生差，醫藥不發達，死亡率高，致鬼怪之說盛行，則是第六個原因。總言之，即是海洋和歷史環境使然。

　　澎湖人雖然極度依賴宗教，如諺言：「有燒香有保庇，囝仔跌落海沒代誌」，但是我們從諺語中發現，他們並不是盲目的。首先，宗教的庇佑必須建立在人道與倫理的基本之上，如諺云：

　也得神、也得人。

　不孝父母，敬神無益。

　頭牙尾沒做尾牙空，尾牙沒做唔是人。

　　可見，對父母祖宗不孝不敬，拜再多人鬼神祇都於事無補。其次，種種神明的祭典，或節日祭祀，除了宗教意含，它尚有為早期生民做生活與時節指引的作用。如：清明後天氣轉晴，故言「清明谷雨後，海水插牛鞭」；媽祖生日前後必有雨，故言「媽祖婆請出門，不是風就是雨」；九月初慶祝柳府王爺生日，也意謂著烏賊汛的到來，和蕃薯收割的開始，故言「九月初八，簡古王」、「九月初八，蕃薯王」；節慶或宗教的祭祀活動，更意謂能為早期貧苦生活帶來短暫的享受和放鬆，如諺言：

　「補冬捕嘴空」；

　「冬至嘸豬腳，過年嘸豬頭」；

　「竹篙接接龍，盡看水仙王，竹篙接接撐，盡看媽祖生」；

　　就說明生民盼望祭祀活動與慶典活動，帶給他們短暫歡樂的機會，與活動中豐厚祭品，能為他們帶來的基本慾望的滿足。

在諺語中，我們可以發現澎人祭祀的對象，可以分爲以下幾個主要的系統：一、祖先與人鬼，二、王爺，三、媽祖；就性質而言由於王爺在本地和媽祖一樣，都亦具有海神的作用❺，因此海洋環境對奉祀的對象影響是顯而易見的。不過在諺語中，另一個相當普遍的海神信仰「玄天上帝」❻的祭祀現象，所言甚少，只有歇後語中一句玩笑話：「西溪帝公……大軀」，倒是一個很奇怪的語言文化現象。此外，我們發現：澎人所祀多爲「陰靈」，也就是說澎湖地區的陰靈崇拜比陽神崇拜更盛，這和早期漁村高死亡率有著密切的關係；因爲害怕死亡，或對死亡者的恐懼，才會有這種現象，故澎人的祭祀是以海神與陰靈爲主要對象。以下，我們對澎人的祭祀對象還要再作分析。

正因爲對陰靈祭祀的誠愼恐懼，故澎人對祖先或鬼魂祭祀相當重視，所謂：「公婆盡看清明七月半」、「頭牙沒做尾牙空，尾牙沒做唔是人」，所反映的是依時節拜祖先的重要；「七月鬼、八月水」，更點明了鬼魂的不可侵犯和可怕。雖然鬼魂的祭祀在中國的歷史上，已經有相當長的歷史，但是由於澎湖地區鬼魅之說盛行，就更增加了他們對於人鬼祭祀的頻繁度。

其次，王爺的性質在澎湖則和台灣不同。台灣的王爺有三個由來：一是瘟神信仰；二是代天巡狩，即古代文人、進士、或有功之靈，死後受玉皇大帝封爲王爺神，以代其巡狩天下，解民倒懸。❼三是鄭氏三王系統。❽但是就澎湖地區而言，其王爺信仰的來源僅有一個，就是：瘟神信仰。

王爺本來就是瘟神，相傳王爺船（王船）所到之處，都會引起瘟疫蔓延故各地居民因懼怕而加以祭奉，………，在一般善男信女的心目中，王爺根本就是祀的人魂鬼魄（瘟神）。❾

而學者黃有興先生亦以爲：

澎湖王爺信仰對象有二；其一是由廟宇供奉爲主、副神的王爺；其二是臨時被迎請至村莊公廟祭祀一段時間，即予送走(焚化)的王爺。澎湖先民大多認爲王爺的由來爲瘟神，以散疫爲手段，「代天巡狩」，唯前者供奉公廟祭祀已久業已經演化爲村莊的守護神，而後者仍屬「瘟神」，故送王時必須「和瘟」儀式，並連同王船送走。❿

由此可見，不管是哪一姓的王爺，長久以來澎湖居民多將其視爲瘟神，至於會有這個現象，又與衛生不佳的生活環境，及高死亡率的社會有著密不可分的關係。尤其在醫療不發達的早期社會中，若可以由祭典儀式來解決身體疾病的問題，居民無不趨之若鶩，故王爺的祭祀和送王的活動，便得到先民熱烈的支持和參與。

而媽祖的信仰對澎人而言更是極爲普遍與重要的，在以海爲田的生活前提之下，當地居民對於與媽祖有關的相關慶典，無不大肆慶祝。不過有趣的是，據統計在澎湖眾多廟宇中，以媽祖爲主神的廟宇並未超過十座，其原因則是：

他們（漁民）在住宅，以及賴以爲生產工具的大小漁船上，都供奉有媽祖，經常祭拜，祈求海上平安，故媽祖廟的多寡，似乎不是那麼重要了。⓫

最後要討論的的是澎湖地區的宗教神職人員：師公（道士）與桌頭、小法。如前所言，宗教信仰祭祀對澎人有著相當重要的地位，所以在這些祭祀活動中擔任神職人員的人，也會受到相當程度的尊重，如諺言：

師公睏醒，時就到；

師公嘸眠，孝男免睏；

正因爲整個祭祀活動都操縱在這些神職人員（或稱靈媒）的手上，沒有他們，人們根本不可能和他們所恐懼敬畏的神、鬼有所交流，所以一般民眾只有任憑其安排，也就是說他們對於祭祀對象（神或鬼）的恐懼或崇敬，也會因此轉化一部分到這些神職人員的身上；而既然這些人在早期社會具有這樣的地位，對於其培育也就非常謹慎；通常要訓練一個平凡人爲靈媒，必須經過相當長的時間，和極爲煩瑣的手續，而諺言：「提嘸三個死囝仔，就想袜做土公（小道士的一種）？」更是要告誡學做神職人員的人必須要戒慎恐懼，按步就班的學習。在今日社會中，這種傳統信仰的神職人員早已不受重視，也少有人願以此爲業；但是我們卻不能忽視他們在早期社會中，因爲宗教活動所產生的重要作用。

諺 語 出 處

❹見陳信雄：《從廟宇的發展窺視澎湖的開拓史》，（臺南：成大歷史學報，1994，12月），頁230至232。

❺見陳耀明：《澎湖的廟神》，初版，（澎湖：澎湖縣立文化中心，1995，6月），頁36。

❻即澎人俗稱的「上帝公」或「帝公」；因其掌管北極星，故對漁船有指引作用，再加上其神蹟顯赫，所以漁民對其信奉不已。

❼以上二說來自鄭志明：《臺灣的宗教與秘密教派》，一版五刷，（臺北：臺原出版社，1997，3月），頁158至126。

❽最大力主張此說的是蔡相煇：《臺灣的王爺與媽祖》一書，（一版五刷，臺北：臺原出版社，1989），頁31至118。

❾見陳耀明：《澎湖的廟神》，初版，（澎湖：澎湖縣立文化中心，1995，6月），頁36。

❿見黃有興：《澎湖的民間信仰》，一版一刷，（臺北：臺原出版社，1992，8月），頁187。

⓫見黃有興：《澎湖的民間信仰》，一版一刷，（臺北：臺原出版社，1992，8月），頁187。

第三節 澎湖地區婦女生活的特性

受到澎湖地區漁業重於農業的產業型態，以及惡劣的自然生活環境的的影響，澎湖地區的婦女自古以來就過著勤儉而刻苦的生活；《澎湖廳志‧列女傳》一文有云：

澎湖各社聚族而居，婦女習勞尤甚。❶

《澎湖廳志‧風俗志‧民業》一節又云：

澎民男有耕而女無織，一切種植男女並力，而女更勞於男，蓋男人僅犁耙反土，其餘栽種耘耨，多由女人任之……。❶

其實就實際的情況而言，早期婦女所擔任得的工作還不僅止於此，首先在漁業方面：婦女雖然不被允許上漁船❶，但是她們也要從事潮間帶的漁業活動；女人亦終日隨潮長落，赴海取蝦蟹螺蛤之屬，名曰討海。❶

這些收入主要是用來貼補家用。而其漁業相關的任務不僅止於此，當男人們出海歸來，爲了使其有充分休息，以儲存體力從事下一趟捕魚的工作，婦女們便擔負起處理買賣漁獲、及修護漁具的工作，她們雖然未實際上船出海，但是其在漁業工作上所出的勞力，絕不輸於男性。

至於農業活動，更是她們生產活動的重心，由於男人大部分的時間出海，因此如何利用僅有少數雨水的春、夏二季搶耕，就成爲留

在陸地的她們極為重要的工作，故有「目屎留埔」的辛苦，以及「九月九那日，憨慢查某提燴直」的憂慮。

除了賺錢、生產，婦女們尚得承擔老天爺賦與她們生兒育女的天職，以及生育之後的教養；此外對她們而言，在男主人長期不在家的情況之下，她們還得操持所有的家務，及侍奉長輩，我們可以說其實在一個早期的澎湖漁村的家庭之中，一生拖磨，終日勞碌的不是男人，而是女人，所以諺言：「澎湖查某，台灣牛」、「做嬤磨到教叫唔敢」，說明一個澎湖女子甚至到老，她的一生都免不了要辛勞地過日子。

但是這種辛勤工作的精神，和在家庭中勞動力的重要性，並未為她們帶來較高的家庭或社會地位；遺憾地，在男性主導的父權社會中，女性的地位相當低落，所謂：「斷掌查埔做相公，斷掌查某守空房」，「查埔嘴大吃四方，查某嘴大吃嫁妝」，「死某那割韭菜」，這類男女相對比的諺語，無一不是在貶抑女性，連身體特徵也能攀言附會，可見女性在傳統社會中所受的不公平歧視。

那麼，在早期澎湖社會中，人們對女性都沒有任何肯定或期待嗎？有的。但很可悲的是：人們對女性唯一的期望和肯定是生養一個家庭的男丁來延續香火；從諺語中我們可以發現這種顯而易見的期待，如：迎娶新娘入門時媒婆說的：「聘金提倒來，添丁甲進財」；過年時拜年說的：「吃甜甜，生後生」，婆婆見媳婦不會生育而怪罪媒人的話：「娶這媳婦啊燴生，煞是媒人歹收伺」；換言之，女子唯一的價值是生養家中的男丁，也就是說連她們本身來到這個世界，都不見得是有價值的，她們的價值是依附在她們所生的男孩身上。至於

爲什麼會有這種男女地位極不平等的現象，我們又不得不歸入環境和傳統觀念的因素之中；因爲在漁村中，有男丁才代表有生產的能力，最明顯的是沿海所建的石滬，雖爲全村的人合建，但卻是依每戶的男丁來分配收穫的；而能乘船出海捕魚的也只有男性，再加上傳統中國就是一個父系繼承的社會，生了女兒等於生了賠錢貨，也失去家庭經濟的依靠，所以女性要在其中有被尊重的機會是很少的，唯一的寄望是生兒子，以求母以子貴。但是傳統澎湖婦女最可悲的是：在飽受一生的性別歧視之後，她們本身也無法有所自覺（不管是哪一種階級所教養出來的女性），仍會以偏差的態度對待自己的女兒或媳婦，成爲社會與傳統壓力所造的悲哀。

由於婦女地位低落，因此也衍生出童養媳與養女的問題，童養媳現象的形成，是在元代，尤其在貧窮的民間家庭此風更盛❶。由於存在著生女無用的觀念，因此生女送人大有人在，即使在即將邁入二十世紀的今天，澎湖較爲鄉村的地區，或家長教育程度低及較爲貧窮的家庭，仍會有因女兒生太多，索性送人的事情發生，卻未見有嫌棄男孩生太多而將其送人的事。至於童養媳則是只屬於早期社會的現象，今日已不見；和台灣地區相同的，早期童養媳的盛行的原因是來自於「送養家庭經濟因素」，「重男輕女的傳統觀念」以及「收養家庭未免將來爲兒娶媳的花費」，和將來「較不易有媳婦適應的家庭問題」、「家中須人手」………等等的考量❶，我們可以發現「經濟」是產生童養媳最大的因素。不過，有些家庭抱養童養媳還有一個較人性化的原因，那就是「喪女」之後的心理安慰作用，或是家中「無女」，抱養以求補償的作用，通常這種情況下被抱養的童媳或養女，在抱

養家庭中所受待遇較好。但不同的是，台灣地區抱養童養媳往往有兩家互相交換女兒現象，且頗為廣泛**⓲**，但是澎湖地區自古以來對此就頗為禁忌，俗言：「姑換嫂，一面倒，一面好」，如果互換女兒會有家道中落，家運不濟的災厄，故大多的家庭在怕天懲，以及棄女之後良心譴責下，多不敢如此。

除了由諺語中了解澎湖婦女辛苦，卻地位低落的生活背景之外，我們由諺語中也不難發現，漁村家庭中普遍存在的婆媳對立的婦女文化現象，例如諺言：

「大家有話，媳婦無話」；

「大家有嘴，媳婦無嘴」；

「房那卡高廳，媳婦就卡高大家」；

「三個媳婦卡行，也不值的一顆蔥頭」；

會造成這種現象的因素，一是因為媳婦一向被視為「外來者」，是不同的家庭環境所培育出來的不同個體，即使嫁到這個家庭，仍算「外人」；才會有「媳婦哭禮數，查某子哭腸肚」這種對媳婦相當見外的說法；故只要婆媳中有一方適應不良，婆媳問題自然產生；另一個可能的原因是農村中男丁死亡率高，女性相對的擁有男性可依靠的時間就很有限，所以寡婦也多。在《澎湖通史·人物誌》中，未滿三十歲就守寡的婦女多達三百二十六人**⓳**，澎湖地區寡婦之普及可見一般。如果有媳婦與寡母或老母生活一起，則二人易為誰是僅存的男主人所真正視而相爭，因為誰最被重視，誰就具有家庭中的主導

權；故諺言：「尪親，某親，老婆仔紡車輪」，即是做婆婆的，對兒子與媳婦的親蜜所表現出的不滿。或是婆媳二人皆是守寡人，則易彼此猜疑，婆婆害怕媳婦改適他人，而失依考靠，媳婦也會為家中經濟大權或子女管教與擁有權與婆婆相爭，故在上面諺語中，我們不難發現婆婆不斷強調自己地位的崇高性，要媳婦特別的尊重她；相對的，我們也可以想像，做媳婦的因此而相對衍生出的不滿和反抗；如此一來，婆媳相爭、婆媳不和，便是永無止境！從另外的角度看：婆媳問題更是傳統「以男為尊」所造成的的一種心態不均的後果，當女性們只能一心一意地專注在家庭時，她的目光可及就是那麼狹小的世界，一旦感覺自己能佔有一切受到威脅時，不採取手段維護或防衛，是絕不可能的。

這一節最後要討論的是澎湖婦女的婚姻觀；基本上，在早期那種沒有自由戀愛的時代，婚姻與愛情是沒有什麼相關性的。婚姻對婦女而言，是一種經濟生活的保障，所以她們擇婚時是以男方的經濟條件為第一優先考量，故會產生七美地區流傳「三代人沒尪，不通嫁上湖人」，及望安地區流傳著「三，四代無尪，不通嫁水垵人」，這種反映貧困地區婚配不均現象的俗諺。而女子們所願嫁的對象也是以經濟狀況為考量，所謂「一錢、二緣、三水、四少年……」的擇偶標準，「錢」，即經濟條件是婚姻考量的第一位，而男子更是以其婚後是否能供養家庭無虞為其價值的考量，故言；「有才調娶某唔是師父，有才調飼某才是師父」；即使較客觀地說「好田宅不如好兄弟」，也是因為這種男性，才是真正使家庭經濟不會匱乏的一家之主。我們或許可以用同情理解的觀點，來詮釋這種向錢看的婚姻觀，在那種

普遍都很貧窮的環境中，對於不能做豐厚的經濟生產、不能繼承家產的女性們而言，嫁人的目的或許只是爲了終身生活找一個強而有力的依靠，並不是爲了追求精神或情感的崇高層次；這和婚後生男孩以鞏固自身的家庭地位的道理相同，生長在早期澎湖以漁業爲主要產業的社會環境下，所有女性都避免不了這樣的宿命。

諺 語 出 處

⓬見李紹章編修：《澎湖廳誌》，初版，（澎湖：澎湖縣立文化中心，1960，4月），頁301。

⓭見李紹章編修：《澎湖廳誌》，初版，（澎湖：澎湖縣立文化中心，1960，4月），頁304。

⓮漁民皆以傳統女人有生理週期爲不潔的觀念，拒絕女子上船，甚至連孕婦也不可以；這個觀念一直延伸至五、六零年代，仍未改變；筆者所訪問女教師中，就有人早期在離島教書時，被漁船拒載的經驗，近世因風氣開放，觀光業發展，女子上船才漸漸被接受。

⓯此諺來自李紹章編修：《澎湖廳誌》，初版，（澎湖：澎湖縣立文化中心，1960，4月），頁308。

⓰見陳顧遠：《中國婚姻史》，臺四版，（臺北：臺灣商務印書館，1975，4月），頁108。

⓱見曾秋美：《臺灣媳婦仔的生活世界》，初版，（台北：玉山社，1998，6月），頁71至80。

⓲見曾秋美：《臺灣媳婦仔的生活世界》，初版，（台北：玉山社，1998，6月），頁79與頁273。

⓳見蔡平立：《澎湖通史》，增訂初版，（台北：聯鳴文化有限公司，1987，8月），頁1147至1250。

第四節 由語言現象推測澎湖移民來源

澎湖地區並未如台灣本島有原住民存在，所以澎湖人都是由外地移徙而來。到底澎湖人的移民來源為何？是否可以由諺語本身以及諺語中語音特色來加以推測？將是這節所討論的重心。

一、與金門的語言文化關連

澎湖居民最常自稱其先祖來自於金門，如：吉貝國小鄉土教材《北海之珠》一書云：

> 吉貝村民大部分由金門直接遷居過來，因而村裡的宗族組織相當清楚。[20]

白沙鄉員貝國小鄉土教材中則記載：

> 大約在兩百年前左右，我們的開澎祖公王申公，帶著他的兒子王讚公，孫子王宋公從金門渡海來澎。[21]

在筆者訪查的過程當中，許多耆老常言及其開墾先祖時，亦多言來自金門[22]；澎湖與金門的歷史關係應是源遠流長的，據先祖父所言當年鄭氏父子退守台、澎時期，帶來大量金門士兵屯田駐守於此，高氏先祖即當時移居澎湖。此與《澎湖通史》中記載亦相符：

> （鄭）成功東征台灣，至十二月初三戰勝荷蘭人。………在澎設

置安撫司，屯成重兵以爲台灣門户。成功攻台十個月。以澎湖爲兵站。❷❸　鄭經同意澎湖地位重要之看法；……並令部將薛進忠、戴捷、林陞守之，派兵兩千，四月閱調一次。❷❹

　　鄭成功與鄭經父子當初是先退守廈門、金門，因此其所帶來的兵士亦多爲此二地之人，來澎之後，必會帶來具有當地特色的文化與生活方式。此外鄭氏家族爲施琅所破之後，清軍在澎實施的班兵制度也使閩省移民大量移入，其中不乏金門、廈門兩地移民：

　　從綠營兵❷❺皆土著的原則來看，金門鎮兵來自操泉州語的金門島，…………，福建水師提督駐紮金門，其親轄的提標兵應來自操泉州語的廈門島。❷❻班兵與其閩、粤原籍之居民關係密切，可以想見駐澎班兵除「就地娶妻生子、安家立籍」外，可能也成爲其同籍人外移之媒介❷❼。

　　可見即使在清代金門地區的人，仍經由各種管道移民至澎湖居住；難怪澎湖居民多稱其先祖來自金門。因爲這種移民歷史的因素，因此筆者試圖從目前的資料之中，建立起澎湖和金門之間的語言關連，其中最明顯的是從諺語當中所印證的文化重疊性。

　　楊天厚、林麗寬合著《金門俗諺採擷》❷❽一書，共收錄了一千一百零三則諺語，其中和本篇論文所收五百九十七則諺語中，重覆的諺語是一百二十四則，約佔了《金門俗諺採擷》一書的百分之十一，亦佔了本論文的百分之十八，這是一個非常有趣的現象。爲什麼在今日

甚少往來的兩地，卻有著相同的鄉土諺語呢？再進一步來看，金門當地有三十三則敘說著天氣、是漁業的諺語，和澎湖當地的說法完全相同。如：天氣類：

五月芒種雨，六月火燒埔。

九月九降風。

九月颱嘸人知。

漁業類：

好魚、歹魚一步青。

好好鱟，殺到屎那（若）流。

一魟、二鯱（鯱：又名石狗魚）、三沙猛（花騰：又名五腳虎）、四斑虎（簑魸）。❷⓽

　　這些要有特別的自然或產業背景才會產生的諺語，同時出現在兩地，且內容一字不差，若非在語言文化的傳承上有相當的歷史條件，是不可能有如此巧合的。因此，從諺語的重疊性來看金門和澎湖之間的關係，我們可以推論：當初金門人在移居澎湖之後，必定是因為澎湖的環境在相當程度上和金門本地相仿，而且兩地都只能形成「漁重於農」的產業型態，所以就以原來在故鄉使用的諺語，來描述他們在澎湖的生活，傳承他們的經驗。

二、鄉音來自各地的多樣性❸⓪

在筆者本篇論文當中，諺語資料的來源有書面的引用，亦有實地訪談而來的；實地採訪、錄有其方音的共有四十一人，所及地區包括馬公、澎南、湖西、白沙、西嶼、虎井、吉貝、七美、望安、將軍等十個地區❸①，而這四十一人所表現出來的方言語音有同亦有異，就其不同的地方推測，其先祖的移民來源應也有所不同。以下我們先作語音的分析。

由諺語當中我們發現差異較大的是單字的「音韻尾」的不同。關於音韻尾的問題，澎湖方音是呈現相當多樣的面貌。澎湖群島的面積雖然不大，各地區之間卻存在著語音的差異，其中最明顯的是單字的音韻尾。

1.「u」、「i」、「ɯ」音韻尾的對應

以「魚」字爲例：

(1)馬公地區：讀爲「hu24」，如：

歹歹 魚（hu24）一步鮮；

海底嘸 魚（hu24）第一蔥。

(2)白沙地區：讀爲「hi24」，如：

人呷嘴水， 魚（hi24）流水；

楊子儀老師亦讀爲 魚：（hi24）❸②

(3)西嶼地區：讀爲「hɯ24」，如：

青魚 魚（hɯ24）煮麵線，吃飽倒呢爛；

李瑞恭校長亦讀為 魚（hɯ 24）。❸❸

再以「箸」字為例：❸❹

(1)馬公地區：讀為「tu33」，如：高百達老師（馬公市案山里人）、蕭清溝先生（馬公市西衛里人）。

(2)白沙地區：讀為「ti33」，如：林丙寅老師（白沙鄉小赤崁人）、謝婷婷老師（白沙鄉中屯村人）。

(3)西嶼地區：讀為「tɯ 33」，如：李瑞恭校長（西嶼鄉外垵村人）、陳賞先生❸❺（西嶼鄉竹灣村人）。

換言之，澎湖地區存在著「u」、「i」、「ɯ」三個音韻尾相互對應的現象。在「泉州腔」、「漳州腔」、與「泉州音」❸❻的對應中，亦存在著「u」、「i」「ɯ」三個音韻尾相互的對應❸❼❸❽。這個現象意謂這些地方的方音必存在著某些關連。

2.「ek」、「uek」、「ə k」音韻尾的對應

以「月」字為例：

(1)馬公地區：讀為「gek4」，如：

公婆（一作:媽）盡看清明七 月（gek4）半；

四 月（gek4） 作北登，船仔網收落大綱，行船的拍尻川

(2)白沙地區：讀為「guek4」，如：

四 月（guek4）芒種雨，五 月（guek4）無乾土，六 月

（guek4） 火燒埔

補胎卡好作 月（guek4） 內。

(3)西嶼地區：讀為「gək4」，如：

八 月（gək4） 颱沒人知，九 月（gək4） 颱較厲害

李瑞恭校長亦讀為「gək4」 **㉟**

換言之，澎湖地區存在著「ek」、「uek」、「ək」三個音韻尾相互對應的現象。在「泉州腔」、「漳州腔」、與「泉州音」的對應中亦存在著「ek」「uek」「ək」三個音韻尾相互的對應 **㊵㊶**，相同地，這也是澎湖各區與泉、漳二地存在著方音關連的一個證明。

綜合以上兩個現象，我們可以發現：馬公地區具有泉州腔中「u」韻尾與「ek」韻尾的特性，白沙地區具有漳州腔中「i」韻尾與「uek」韻尾的現象，西嶼地區則具有泉州音中「ɯ」韻尾以及「ək」韻尾的特質。我們知道：這三地的祖先應來自不同的地區，即使如本節第一部分所言：居民多自謂來自「金門」，經過分析後，再往前推測移居金門前的先祖，就更加的多樣化了。不只是金門一地為澎人的移民來源，應包括所有閩南方言語區的漳州、泉州、廈門………等地，這些來澎開墾的祖先們，或是直接由原居地渡海來澎，或是先居金門，或先經過金門再定居於澎湖的各島。所以說，早期的澎湖必是一個「各種腔調的閩南話」移民匯集的地區。

在上面的分析中，僅以三地區為例，就已呈現多樣化的語言現象，突顯澎湖群島實為一移民轉運站的歷史特色。欲更深入或遍及所有地區，並藉由語言推測多性質移民的確切來源，還有待日後再更進一步的調查研究。

諺 語 出 處

⑳ 見楊清雄主編：《北海之珠－吉貝》，初版，（澎湖縣：吉貝國小編印，1997.6月），頁14。

㉑ 見陳昭蓉等編著：《員貝之愛（一）》，初版，（澎湖縣：員貝國小編印，1995.61日月），頁25。

㉒ 如：先祖父高來發先生（馬公市案山里人）、蔡明來老師（原籍馬公市興仁里，蔡廷蘭進士後裔）、陳石頭(年67，虎井嶼人)、郭劣先生(年73歲，望安鄉將軍嶼人)⋯⋯等等。

㉓ 見蔡平立：《增編澎湖通史》增訂初膽版，1992年臺灣省文獻會版，（台北：聯鳴文化有限公司，1987.8月），頁156。

㉔ 見蔡平立：《增編澎湖通史》增訂初膽版，1992年臺灣省文獻會版，（台北：聯鳴文化有限公司，1987.8月），頁159。

㉕ 這是清代滿人政府一種「以漢制漢」的屯田兵制，但每營的士兵雖爲當地漢人，其統領卻爲滿人或外地人輪調。

㉖ 見余光弘：《清代的班兵與移民：澎湖的個案研究》，初版，（台北：聯鳴文化有限公司，1998年5月），頁73。

㉗ 見余光弘：《清代的班兵與移民：澎湖的個案研究》，初版，（台北：聯鳴文化有限公司，1998年5月），頁45。

㉘ 楊天厚、林麗寬：《金門俗諺探擷》，一版一刷，（台北縣永和市：稻田出版有限公司，1996年10月）。

㉙ 見楊天厚、林麗寬：《金門俗諺探擷》，一版一刷，（台北縣永和市：稻田出版有限公司，1996年10月），頁181。亦見本論文頁58。

㉚ 見連雅堂著：《臺灣語典·雅言》，1992年臺灣省文獻會版，（台中：臺灣省政府印刷廠，1992.3月31日），頁13。

㉛ 此段之所以以「地區」來劃分，而不是用官方制定的行政區域來作爲分別的標準，是因爲傳統澎湖「地區」的劃分方式，和官方的行政區域劃分有相當的出入，要推衍其語音現象的差異，應以傳統習慣的劃方式較爲適宜，也較符合實際的歷史遷移。

㉜ 楊老師雖未提及與魚字有關的諺語，但是筆者特別問他對此字的發音，他讀爲「hi24」。

㉝ 李瑞恭校長爲西嶼鄉外垵村人，居於西嶼鄉三十多年，今已移居馬公，現爲馬公市中山國小校長，他雖未言及與魚有關的諺語但是筆者訪錄其對魚字的發音亦爲「ｈ卜24」。

㉞ 此字皆採取直接錄音、擬音的方式，未從相關諺語中獲得發音。

㉟ 陳賞先生爲魚市小販，60至70歲左右，筆者拍攝魚類照片時，多蒙其幫助。

❸❻所謂的音是指當地原有的土音，腔則是由音再次發展出來，因地制宜的方音，故二者之間存在著些微的差異，所以泉州腔與泉州音略有不同，漳州腔與漳州音又略有不同。此說明見張振興：《臺灣閩南方言記略》，台一版三刷，（台北：文史哲出版社，1997，5月），頁2至3。

❸❼見張振興：《臺灣閩南方言記略》，台一版三刷，（台北：文史哲出版社，1997，5月），頁27至32。

❸❽亦同見於許極燉：《台灣語概論》，初版第一刷，（台北：前衛出版社，1998，11月），頁103至107。

❸❾李瑞恭校長為西嶼鄉外垵村人，居於西嶼鄉三十多年，今已移居馬公，現為馬公市中山國小校長，他雖未言及與月字有關的諺語，但是筆者訪錄其對月字的發音亦為「g壓k4」。

❹❶見張振興：《臺灣閩南方言記略》，台一版三刷，（台北：文史哲出版社，1997，5月），頁27至32。

❹❶亦同見於林再復：《閩南人》，增訂八版，（台北：三民出版社，1996，10月），頁557

第五節　傳說與諺語的共生現象

　　在本論文第二章中將描寫「傳說典故」的諺語獨立為一節，從這一節的四十四則諺語之中，我們發現了傳說故事與諺語之間共存關係，姑且稱之為「共生現象」；所謂的「共生」是指兩種生物相互依存著生長，但一旦分開仍然能獨自生存，諺語和傳說典故同樣都是民間文學的一種形式，它們不一定要相互依存，當他們結合在一起時又更能增加彼此的光采，基於這種特殊的關係，我們有必要對二者的相互牽引做一個探討。

　　「傳說典故」其實就是伯司康氏所分口語文學為兩類（一為可講演者的，另一為不可講演者的）中的第一類❷。而第一類又分為故事（folktale）、神話（myth）及傳說（legend）三種。但一般而言，這三種是存在著相當多模糊地帶的，可以廣義的稱其為民間故事文學。

　　鍾敬文先生以為：

　　民間傳說是勞動人民創作的，與一定的歷史人物、歷史事件和地方古蹟、自然風物、社會習俗有關的故事。傳說的主人公大多有名有姓，而且不少還是歷史上的有名人物，他們的　活動遺蹟，常被連繫到地方上某些自然物、和人工物，及社會風習上面，於是有不少傳說就成了這些事物的來歷的一種說明❸。

高國藩先生對「傳說」的詮釋是：

傳說是人類成年時代古老而又現實的記錄。其要件是（1）產生在非原始社會，且人們已有貧富之分；（2）帶有更多的歷史性，是以現實主義爲主的。❹

對神話則解釋爲：

神話是原始社會人士民敍述的關於神的古老的故事這是一種有浪漫者主義性質的故事。其要件則包含：（1）必須是眞正人類孩童時代的口傳作品；（2）是人類早期眞正不自覺的口傳作品；（3）必須是人類在生產力極不發達的社會早期，不能征服與支配自然力時產生的關於神的故事。❺

從以上說法我們發現：「廣義的民間故事文學」所能反映的與先民生活有關的層面相當廣泛，它不見得只是在反映一些未經查證的文化解釋，他所反映的包含了人類族群的物質生活、精神生活、自然環境、與人文環境、歷史環境……等等，這種廣泛性與諺語不謀而合。另外，人類學家李亦園先生則是把這種民間文學的三種型態，以說者與聽者關係來劃分：

神話的標準乃說者與聽者皆認其內容爲眞實者，以神聖之態度視之者。……傳說亦以說者聽者信以爲眞爲辨類標準之一，但不如神話之被視爲神聖，內容之時間背景爲近代，空間爲現實世界。……故

事之標準最爲簡單，無神話與傳說之特性，其內容皆被認爲虛構，內容之時空背景不受限制。**㊻**

　　就諺語的角度觀之：聽者與說者皆對諺語「信以爲眞」是相當重要的，諺語必須在說和聽的人都相信認同的景況之下，才有辦法把諺語流傳下來，只不過諺語不會因時間再做仔細分類，它含蓋了古往今來的所有時間。陶立璠先生曾對眾家說法作出歸納：

　　神話傳說民間故事的關係是既有關係，又有區別的，他們兩兩交叉，互相滲透著的，……而在交叉的部分（即下圖有斜線的部分），說明三者在少數作品中是不可分的。（茲引用其圖示如下。）**㊻**

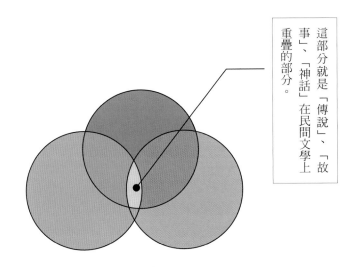

這部分就是「傳說」、「故事」、「神話」在民間文學上重疊的部分。

　　客觀地說，諺語所反映的文化範疇包含三個圈的所有部分，重疊也好，不重疊的部分也好；所以，諺語和民間故事文學存在著許多共通性。

　　正因為諺語與民間傳說故事典故存在著「口述性」、「廣泛性」、以及「聽者與說者的共同認同性」等共通性，因此，當傳說故事產生時，也很有可能同時產生一個能說明故事「主題、人物、時間、或地點」的諺語。如：「澎湖人，台灣牛」、「媽宮的蒼蠅，要吃鄉下的肉餅」、「龜仔船，十三隻」……等等說明的是故事的主題。「港仔出名是做餅師和做皮鞋師」、「又在石成了」、「回仔吃肉叫同仔出錢」、「三公六婆」……等等反映的是人物。「三年無二九，皇帝爬起走」要突顯的則是時間。而「案山漁火如星斗」、「東衛摺豬，西衛狗在吠」、「金林投、銀八罩」……等等說明的是地點。如何用一句諺語，來將一個故事的主要說明對象簡單扼要地提出，比冗長複雜的故事更利於人們記憶流傳，因此往往故事的細節，甚至主要情節早已為人們所遺忘，但諺語卻長遠流傳下去，甚至要經由諺語去記憶、印證、或推演出這個故事，因此諺語便也成為幫助民間故事流傳的媒介了。

　　總而言之「諺語」與「傳說典故」乃相得益彰，它們可以像是一對兄弟，在民間文學領域中相互提攜，也為我們保留下許多珍貴的文化資產。

諺 語 出 處

㊷見李亦園編：《文化人類學選讀》，修訂三版，（台北：食貨出版社，1980，10月），頁272。

㊸鐘敬文主編：《民間文學概論》，一版四刷，（上海：上海文藝出版社，1984，3月），頁183。

㊹高國藩：《中國民間文學》，初版，（臺灣：學生書局，1995，9月），頁57至59。

㊺高國藩：《中國民間文學》，初版，（臺灣：學生書局，1995，9月），頁31至32。

㊻李亦園編：《文化人類學選讀》，修訂三版，（台北：食貨出版社，1980，10月），頁272至273。

㊼見陶立璠著：《民族民間文學理論基礎》，初版，（北京：中央民族學院出版社，1990），頁188。

第4章

結 論 ▶

● 第四章 結 論

　　澎湖是一個具有悠久歷史的地區，從元代至今，歷經七百多年漫長的人類歲月，累積了豐富的人文資產，其先天具有的特殊的自然景觀與地理環境，更加深了當地文化的內涵。這些寶貴的資源都顯現在「諺語」中。因為諺語形式雖然短小，卻潛藏著無比的智慧，它所反映的是人民的生活方式、思想模式、以及演進的歷史。使「澎湖地方諺語」成為一種具有多樣化意涵，而值得期待的研究領域。筆者在老師與前輩們的鼓勵下，經過三年半田野調查、搜集整理，撰寫本文，其間先後在八十七年於《台灣文獻》發表〈澎湖漁諺初探〉❶一文，與八十九年三月於《硓𥑮石月刊》發表〈澎湖諺語所反映的早期婦女生活〉❷二篇文章，目的在於為家鄉的文化資產做保存與分析的工作。

　　筆者所採集諺語的地區包涵馬公、湖西、白沙、西嶼、七美、望安、將軍、虎井、吉貝等島嶼，幾乎遍及澎湖有人居住的地方，整理的資料除自己的田野調查之外，尚有許多前輩們的田調，各校的鄉土教材，以及學術性論著中提及的諺語，為方便研究，先採用國際音標擬音，亦希望能為諺語的意義加以審定，為相同諺語不同的說法加以追蹤比較，最後並探討深藏在諺語背後的文化意涵。

　　在研究中，由於牽涉的層面寬廣，不能用一固定的理論來加以探討，因此先將所收諺語歸納並分類，並且採用多種理論相互應用的「科際整合」分析方法，其領域包括：文化學、社會學、自然科學、民間文學、歷史學、人類學、語言學、民俗學、與宗教學等學科領

域，藉由這些不同學科研究方法的應用，理論的相互印證，得到了不同角度的詮釋，使得諺語的分析具有深度。

本篇論文共搜集五百九十七則諺語，都是屬於閩南音系的發音方式，但因澎人祖先來源的不同，而呈現出多樣的方音面貌，由文中諺語的拼音就可證明。這指出澎湖居民具有多樣話的移民背景，不管是由中國大陸移居此地，各島嶼之間的相互遷移，或是以澎湖為移居台灣本島中繼站的短暫性停留的遷移，都使這一個面積不大的群島，具有精彩的語音內涵，由於當地強烈的安土重遷觀念，我們很慶幸，今日尚能藉著諺語紀錄的地方語音。

至於諺語的分類標準是依其內容的特色，以及使用的狀況，先分為九大類，並且因其性質差異，在大類下細分為數小類：

一、自然氣候類

此類諺語有又分為「海象」諺語與「天象」諺語。海象一類敘述的是潮汐與漁業活動（尤其是沿海潮間帶的活動）的關係，天象諺語則是描述澎湖的氣候特色、由「風、雨、颱、雷、節氣」五個不同的角度切入，二種諺語都建立與陰曆有關的表格或規則。

二、產業活動類

此類諺語有又分為「漁業」諺語、「農業」諺語與「其他產業」諺語。漁業諺語又由「漁業活動」的介紹及「魚的品味時節」兩部分組成。由於漁業是澎湖最主要的產業，我們不但為季節性魚類建立時

間表,也將漁業活動的點點滴滴,藉著諺語的說明分析,做了記錄。農業活動諺語則是看出澎湖人民如何在惡劣的環境之中,努力生存。其他產業活動類則反映出士、工商、道……等各個階層的百態。

三、生活狀態類

又分為「現實描寫」與「經驗傳承」兩類。

(一)現實描寫:所敘述的是平民百姓的生活,但著重於對社會大眾心中不滿的陳述,反映貧富差距的對立,以及家庭倫理的強調;前二者屬於社會問題的現實面,最後一項則為道德的現實面。

(二)經驗傳承:類別劃分較細。「船運交通」與「討海常識」兩類說的是祖先在海洋環境中所用來謀生的方式;「人事常態」說的是祖先們日常生活經驗;「教訓子孫」則是代代相傳的規範訓示。

四、婦女生活類

婦女是澎湖地區產業發展背後最重要的力量。一個澎湖婦女終其一生,都辛勤的工作,為家庭付出,然而她們的地位低落,命運不佳,在諺語都有相當的敘述。當中描述了「女教」中的「婦德」與「婦容」、傳統「婚俗」、傳統「婚姻」、以及傳統社會「夫妻」的互動、「婆媳」的相處、社會上「童媳養女」的抱養等等,與婦女文化相關的主題。

五、民間習俗類

澎湖地區是一個相當重視傳統習俗與宗教的地方，民間因此保存很多傳統的風俗習慣，本節從「歲時節慶」與「宗教信仰」兩方面著手，藉由諺語的記載，來加以分析，窺知產生相關習俗的原因，也希望針對屬於澎湖當地特有的習俗，加以說明。

六、傳說典故類

在許多民間文學形式中，傳說典故與諺語有著密切的關係。本節藉著諺語中所蘊含的「傳說故事」、「地方典故」與「地方特色」，建立起兩種民間文學的關連，這些故事的搜集，也間接為澎湖保存了文化的資源。

七、處世箴言類

這一部分的諺語是論理最多的部分，內容亦較嚴肅，尤其對人情事故的描寫，極符合現實主義的精神；分為「事理」與「人情」二類。

八、笑言譃語類

從這個部分開始，論文進入較為輕鬆樂觀的主題，「笑言譃語」呈現的是平民百生活輕鬆平實的一面，語言或許粗鄙，卻最能真實地呈現民間文學的精神與面貌。

九、歇後語

「歇後語」是諺語中一種頗具餘韻美的形式，那種不將話說盡的巧妙，正是語言藝術的奧妙之一，本節共搜集三十六則歇後語，多取物象爲喻，並具有一語雙關，或諧音相映的特性，使歇後語在諺語中成爲一個特別的族群。

經過分類之後，除了能把眾多諺語間的異同加以分別，我們在做諺語的意涵分析時，也有了明確的依據。根據分析，我們得到以下的結論：

一、澎湖人性格上的特色

（一）首先在環境的限制之下，澎湖人對於未知有著無限的恐懼。因爲本地的氣候惡劣，他們畏懼上天；因爲在海洋上討生活，時時具有危險性，所以他們畏懼海洋，因爲死亡率高，所以他們畏懼神鬼，甚至神職人員。面對這些無可預測的一切，澎人具有信鬼好巫的文化特性，借由宗教來安定心靈，增加生存的勇氣，所以諺言：「有燒香有保庇，有扶神有行氣」；宗教成爲各種教化與社群活動的中心指標，形成了大廟、小廟隨處可見的現象。

（二）又由於人力與自然搏鬥的無助，他們養成了樂天安命的生活態度，不與天做太多的爭奪，只是認真的去追求當下與現實環境可得的一切，所以諺言：「三十嘸見子，堅心磨到死」、「嘸子命，獪堪个得」，連中國人最重視的傳宗接代，也歸諸於天的安排；證明了他們不想用人力去改變命定的傾向。

（三）傾向安土重遷與保守民風。在五百九十七則諺語中，與道

德教化、人倫常理、人生百相等有關屬於說理性的諺語就有一百四十四則，佔了總數的百分之二十一。澎人因著環境上的封閉，所以對於傳統教化有著一定程度的重視，再加上男主人長期不在家，對於女教更是強調；再者澎人移民來源多元，在強調慎終追遠的文化前提下，且有著地域觀念的執著，所以對於遷移他鄉相當重視，即使遷移亦以方音來分別你、我。故諺言：「離祖不離腔」，就說明了他們保守的心態。

二、澎湖婦女的宿命

（一）「澎湖查某，台灣牛」，說的是澎湖地區婦女是被壓抑看輕的一群，除了傳統觀念的影響之外，環境亦為重要的原因，環境適於漁業生產，但漁業社會卻以男性為尊，即使女性比男性辛勞，分擔了大部分的生產與家庭工作，但是仍因社會地位低落，而使婦女飽受委屈，反映在諺語中，則為低調的悲嘆之聲。

（二）綜觀澎湖婦女的一生，不管她能在原生家庭成長，或被抱養皆以長輩、丈夫、子女為思考與生活的中心，使得澎湖婦女文化呈現保守而狹隘的傾向，故呈現於諺語，也只能就個人品德、容貌，生命歷程的婚姻、家庭來敘述。除了男性社會刻意的不平對待，女性無法受教育，因受教產生自覺性，爭取其權力，亦為重要因素。

三、傳說故事的多元性與民間文學的互通性

（一）此書搜集了四十四則的民間傳說與故事，它所代表的層面由宗教靈異、自然的事物到民眾的生活；包含了抽象的思想，與實際的生活。傳說與諺語共同的反映了民眾的一切，筆者相信它尚有無窮的發展空間。

　　（二）傳說故事因通俗性、普遍性、民眾的認同性，而與諺語產生了可連結的關係，這與其同屬民間文學的形式有關，無論是由傳說故事化簡為諺語，或是由諺語推衍為傳說故事，筆者有幸能釐清它們連結的原因與過程，針對語言傳遞現象做跨越時間的討論，以及學理上的推測，相信對日後的探究（無論是對既有資料的探究，或是新資料的挖掘），必能有脈絡可循。

四、諺語的愉悅本質

　　諺語是大眾生活的反映，包括：反映現實、述說道理、諷刺人間、或是笑說謔罵，都帶有平民百姓樂天知足的本質，所以這種語言形式本質上是愉悅的，不是悲觀的。我們在分析與敘述諺語的過程中，時而能作出會心的共鳴，時而能得到情緒的宣洩，所以它是屬於所有人的語言；筆者認為，這才是諺語產生，並廣為流傳的重要原因。因為它們愉悅的本質，呼應了民間樂觀的精神，不斷向前的勇氣，所以諺語便成為人們生活語言中的重要部分。它們亦因此具有了研究上的價值。

　　從開始搜集資料、撰寫到完成，經歷三年半，對這段淬煉的過程，筆者很欣慰在學術領域中成長的機會；其收穫豐富而多元，茲列舉較為重要的心得：

　　一、研究方法的熟悉

　　在研究所讀書的歲月中，雖也有很多接受學術訓練的機會，但是撰寫體系龐大的作品，這是第一次，因此對於研究方法的深入應

用，實是經由撰寫本文後才達成；加上諺語研究所牽涉的領域多元，所以各學科的研究方法的了解、利用、實際操作，也是經由本論文達成，對於日後投入學術研究工作，是一次很重要的訓練。

二、對田野、文化工作的認同

田野工作與文化研究，向來被視為一條艱辛的路程，但是它們與「大眾生活」的密切性，卻深深吸引我，由於成長過程中，一直倍受保護，對於其他與生活實際相關事物，不免陌生，甚至無知，經由本研究，接觸民眾實際生活，與思考模式之後，增加個人對現實生活反思與體驗的深度。此外，它讓我體會：「關懷人群」是從事學術工作最終的目標，捍衛文化更是讀書人的責任。很多文化，今天不保護，明天就不見了，很多耆宿，今日不記錄其智慧，明天就沒有機會。因此文化保存的工作，是刻不容緩，且亟須許多人力參與，田野與文化工作，讓我找到學術生命的意義。

三、學術知識的探究

一篇論文研究的動機都是由渴望了解未知開始，並且經由不斷在尋求答案的歷程中，找到知識性的解答，這篇論文促使我去理解的知識，包含：文學、史學、自然科學、文化學、社會學、宗教學、民俗學、人類學等各方面，並且做出一定深度的探討，也讓我明白知識與知識間連結性的重要。此外，多學科的研究也始我吸收了其他領域的學術知識，增加知識的廣度，如果僅只於案牘的研究，或許就沒有這種機會。並且藉由多方面學術知識的涉獵，挖掘出更多的未知。

四、對故鄉的認同與深入認識

　　澎湖是一個人口外移嚴重的地方，因謀生不易，不得不長期離鄉背井，因而對這裡無法得到情感上的認同。幸運的我，卻因參與故鄉文化的研究工作，加深對故鄉的認同，也爲自己的未來找到方向。並經由這次研究，對澎湖自然環境、人文思想、社會體制、心理特質、宗教信仰、婦女文化、語音特色有深入的認識。尤其對漁業社會的一切，更因此有了深入瞭解，期望能未來再進一步做多方面探索。

　　本書從資料蒐集至今歷時三年半，目前已告一個段落。在這過程中受到前輩們的幫助，受訪者及鄉親們的支持，我深深感激，若沒有他們一路陪我走來，相信我無法獨力完成這本書。當然，這當中尚有許多不成熟、極待加強的地方，希望前輩及學界的先進們不吝賜教。在本書中，爲了閱讀方便，諺語所引用或訪問者只列出一次，若想知道詳細出處，可參閱我的論文《澎湖諺語研究》一書，在此再次感謝敏聰先生、林丙寅老師、李瑞恭校長、楊子儀老師……等人不吝指導，提供諺語及接受訪問，也感謝澎湖文化局、澎湖區漁會、澎湖氣象站、七美國小、中山國小……等單位的協助，讓此書能順利完成，感謝大家。

諺 語 出 處

❶171.見拙作：《澎湖漁諺初探》，（南投：臺灣文獻，第四十九卷一期，1998，3月31日），頁217至248。

❷見拙作：《澎湖諺語所反映的早期婦女生活》，（澎湖文化中心：硓𥑮石月刊，第十八期，2000，3月）。

台灣
民俗
藝術
⑰

澎湖諺語

著者	高 芷 琳
顧問	財 團 法 人 中 華 民 俗 藝 術 基 金 會
總策畫	林 明 德
編輯	張 羽 萍
內頁設計	彭 春 珠

發行人	陳 銘 民
發行所	晨星出版有限公司
	台中市407工業區30路1號
	TEL:(04)23595820　FAX:(04)23597123
	E-mail:service@morningstar.com.tw
	http://www.morningstar.com.tw
	行政院新聞局局版台業字第2500號
法律顧問	甘 龍 強 律師
印製	知文企業（股）公司　TEL:(04)23581803
初版	西元2004年11月31日

總經銷	知己圖書股份有限公司
	郵政劃撥 15060393
	〈台北公司〉台北市106羅斯福路二段79號4F之9
	TEL:(02)23672044　FAX:(02)23635741
	〈台中公司〉台中市407工業區30路1號
	TEL:(04)23595819　FAX:(04)23597123

定價 420 元

國家圖書館出版品預行編目資料

澎湖諺語／高芷琳著. －－初版. －－臺中市：晨
星，2004〔民93〕
面； 公分. －－（台灣民俗藝術；17）
參考書目：面
ISBN 957-455-763-4（平裝）
1. 諺語 2. 風俗習慣－澎湖縣

539.9232   93019065

廣告回函
台灣中區郵政管理局
登記證第267號
免貼郵票

407
台中市工業區30路1號

晨星出版有限公司

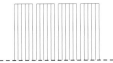

更方便的購書方式：

(1) **信用卡訂購** 填妥「信用卡訂購單」，傳真或郵寄至本公司。

(2) **郵 政 劃 撥** 帳戶：晨星出版有限公司　　帳號：22326758
在通信欄中填明叢書編號、書名及數量即可。

(3) **通 信 訂 購** 填妥訂購人姓名、地址及購買明細資料，連同支票或匯票寄至本社。

◉購買1本以上9折，5本以上85折，10本以上8折優待。

◉訂購3本以下如需掛號請另付掛號費30元。

◉服務專線：(04)23595819-231　　FAX：(04)23597123

◉網　　　址：http://www.morningstar.com.tw

◉E-mail:itmt@morningstar.com.tw

◆讀者回函卡◆

讀者資料：

姓名：＿＿＿＿＿＿＿＿＿　　性別：□ 男　□ 女

生日：　／　　／　　　　身分證字號：＿＿＿＿＿＿＿＿＿

地址：□□□＿＿＿＿＿＿＿＿＿＿＿＿＿＿＿＿＿＿＿＿＿

聯絡電話：　　　　　（公司）　　　　　　（家中）

E-mail ＿＿＿＿＿＿＿＿＿＿＿＿＿＿＿＿＿＿＿＿＿＿＿

職業：□ 學生　　　□ 教師　　　□ 內勤職員　□ 家庭主婦
　　　□ SOHO族　□ 企業主管　□ 服務業　　□ 製造業
　　　□ 醫藥護理　□ 軍警　　　□ 資訊業　　□ 銷售業務
　　　□ 其他＿＿＿＿＿＿＿＿＿＿

購買書名：＿＿＿＿＿＿＿＿＿＿＿＿＿＿＿＿＿＿＿＿

您從哪裡得知本書： □ 書店　□ 報紙廣告　□ 雜誌廣告　□ 親友介紹

□ 海報　　□ 廣播　　□ 其他：＿＿＿＿＿＿＿＿＿＿＿

您對本書評價：（請填代號 1. 非常滿意 2. 滿意 3. 尚可 4. 再改進）

封面設計＿＿＿＿版面編排＿＿＿＿內容＿＿＿＿文／譯筆＿＿＿＿

您的閱讀嗜好：

□ 哲學　　　□ 心理學　□ 宗教　　□ 自然生態　□ 流行趨勢　□ 醫療保健
□ 財經企管　□ 史地　　□ 傳記　　□ 文學　　　□ 散文　　　□ 原住民
□ 小說　　　□ 親子叢書　□ 休閒旅遊　□ 其他＿＿＿＿＿＿＿＿＿＿

信用卡訂購單（要購書的讀者請填以下資料）

書　　　　名	數　量	金　額	書　　　　名	數　量	金　額

□VISA　　□JCB　　□萬事達卡　　□運通卡　　□聯合信用卡

•卡號：＿＿＿＿＿＿＿＿　•信用卡有效期限：＿＿＿＿年＿＿＿＿月

•訂購總金額：＿＿＿＿＿＿元　•身分證字號：＿＿＿＿＿＿＿＿

•持卡人簽名：＿＿＿＿＿＿＿＿（與信用卡簽名同）

•訂購日期：＿＿＿＿年＿＿＿＿月＿＿＿＿日

填妥本單請直接郵寄回本社或傳真(04) 23597123